「本物の営業マン」の話をしよう

Tsuneo Sasaki
佐々木　常夫

PHP
Business Shinsho

JN284086

PHPビジネス新書

はじめに

私は二〇一〇年の六月に東レ経営研究所の社長を最後に四十年のビジネスマン生活を卒業しました。その間、主として企画や管理などのスタッフ業務を担当してきて営業を経験したのは四十二歳のときからのわずか二年間のことでした。

入社以来約二十年間、一貫してスタッフの仕事をしてきて、当時は経営企画室というところにいましたが、そのときの社長が「君はスタッフの仕事しかしていないから今度は営業を勉強してきなさい」と私に営業勤務を命じたのです。

しかし私自身は営業の内示を受けたとき正直これは困ったことになったと思いました。それまで私は企画や管理部門といういわゆるスタッフとしていつも営業を見ながらの仕事をしてきましたし「門前の小僧、習わぬ経を読む」ではありませんが少しばかりの土地勘はあったもののやはり不安でした。

そこで私は会社の中で営業の神様とか営業のプロと呼ばれていた先輩方に「私は営業の経験がありません。あなたは営業の神様とお聞きしました。営業とはどういう仕事なのか私に教えてください」とお願いしてまわりました。

大変忙しい人ばかりでしたが、ほとんどの方が時間を割いて「営業の本質とは何か。営業のポイントは何か」ということを熱心に教えてくれました。

そうした先輩の話を聞いているうちに私にとって未経験の世界であった営業の世界がおおよそ理解できてきました。それは営業とは特別変わったことをするのではなく「人として当たり前のことをすること」であり「お客様を大切にすること」なのだということでした。つまりその人の人間性や相手を思いやる気持ち、お互いの信頼関係が大事なのだということがわかってきたのです。

その後、実際に営業を経験し、先輩のアドバイスを実践しつつ具体的に顧客とつき合っているうちに営業というのは「事業を営むこと」であり「営業とはお客様を幸せにする仕事」ではないかと思うようになりました。

一方、私は東レの中で繊維、プラスチック、新事業などさまざまな事業を経験し、事業のライフステージ（勃興期か成長期か）によって事業運営が異なることを知り、生産工場を抱えた営業の難しいことがわかり、新規事業の立ち上げの苦しみなども肌で感じてきました。

そうした経験から「営業というのはその事業に関する会社の司令塔（ヘッドクオーター）でありその事業の損益のあらゆる責任を持つ仕事である」という考えを持つようにもなりました。実際に営業を経験することで私の知識や、予感は確信となっていったのです。

そして「営業とはお客様を幸せにする仕事である」ということが私のたどり着いた結論です。そういったことをこの本の中で私なりに表してみたいと思います。

二〇一一年三月

佐々木常夫

「本物の営業マン」の話をしよう◎目次

第2章 事実をつかむことからはじめよう

第3章 鍛えるべきは社内営業力

第4章 〝人柄のよさ〟だけでは戦えない

第5章 顧客を幸せにして、自らを磨ける仕事

第1章

あなたは本物の営業マンか

1 事業を営むことが仕事

まず、はじめにこの章では「営業」の定義というか、一体営業とは何かということを考えてみたいと思います。いっしょくたに語られることの多い、消費財と生産財の営業の違いや、ポジション別の役割などを整理したうえで、営業についての考えを述べたいと思います。

顧客に商品を販売するという意味で「営業」という言葉が使われます。

私が漁網と釣り糸の営業の仕事を担当していたとき、釣り糸の販売ルートを短縮化したことがあります。もともとは東レ→販社→問屋→小売店という販売ルートでした。それを四社あった販社を東レフィッシングという新会社に統合して東レとの一体運営とし、小売店へ直販をするという、いわゆるサプライチェーン（流通）改革を実施したのです。

そのとき東レは販社に対し「営業譲渡」のため、いわゆる「のれん代（営業権譲り受け代）」を支払っています。この改革を実行していくプロセスでそれ以前の東レはほとんど「営業」をしていなかったということに気がつきました。つまり販社からの依頼に基づいて釣り糸を生産し供給していただけだったのです。この流通改革によって東レは自ら「真に」営業をして、大きな収益を手にすることができました。

またこのプロセスを通じて「営業とは事業を営むこと」ということに気がつきました。


私は会社生活四十年間のほとんどを企画や管理などのスタッフ部門で仕事をしてきました。営業の仕事の経験は多くはありません。しかし、いつも営業部門の仕事を見てきました。

営業の仕事の内容を学んだり、そこで活躍する人を見ています。営業にはさまざまな側面があるものの、私が感じたことは「事業を営む」ことが肝心かなめの仕事だということです。

「営業は事業を営むことである」と言いましたが、そんなことを言われても「毎月車を一〇台売ってこい」とか「保険の契約を五〇〇〇万円とってこい」などと言われ走りまわっている販売担当者にとって、「営業とは事業を営むこと」というわけにはいかないでしょう。

また組織の中で中堅以下の人、ノルマを与えられてそれを遂行することが第一という人にとっても、「事業を営む」ということはイメージしにくいことと思います。

しかし、そのような人も含め、常に営業の本質は何かということを頭において仕事をしていかなければなりません。

事業を営むうえで大事なことは、もちろん人当たりがよいとか説明が上手だとかいうこともありますが、それだけではありません。現実に起きていることを正しくつかむ力、それを関係者に伝える力、そのために何をすべきかの構想力、それを確実に実行できる力、などが必要です。

あとでも触れますが、そういう能力は、何も営業部門だけに求められる能力ではありません。どのような組織にいても求められる能力です。

企画や管理の仕事をしていたとき、私の顧客は生産部門や開発部門、営業部門やトップマネジメントでした。その方たちのニーズをつかみ、現実を説明し、企画を提案し実行しました。そういう意味では組織でのあらゆる活動が営業といえるのです。

いずれにしてもこの本では、「営業とは事業を営むこと」と広義にとらえ、話をすすめていきたいと思います。

2　生産財と消費財のマーケティングはまったく違う

営業についていろいろ話をする前に生産財と消費財のマーケティングの違いについてい

て少し触れておきたいと思います。

私が働いていた東レは繊維事業であれば糸綿や織編物、プラスチック事業であれば樹脂やフィルムなど、いわば原材料が商品でした。それらの商品は、取引先の企業が業務用として購入し、それを加工して製品化するためのいわゆる「生産財」です。

それに対し、自動車メーカーや電機メーカーなどは車やテレビなど消費者が生活のために使用する最終製品「消費財」を販売しています。

この生産財と消費財とではマーケティングの仕方がかなり異なります。

まず顧客についていうと、消費財の場合は不特定多数の顔の見えない消費者であるのに対し、生産財は明確に顔が見える特定少数の企業（プロ集団）です。

そして消費財は、商品のニーズについて消費者アンケートなどを使って広く集めることができます。しかし、そのニーズは必ずしも正確に伝わってくるわけではありません。また、人によって違っていて、的確にニーズがつかめるというわけでもありません。それに対して、生産財の顧客は強度はいくらにしてほしいとか、こういう新製品がほしいといった要望をプロがプロの言葉で具体的に語ってくれます。

商品のネーミングやパッケージングについていえば、消費財の場合は直接売上に響く重要な戦略ですが、生産財にとってはそれほど重要ではありません。

生産財である東レのナイロン糸などは「ナイロン糸」と箱に表示しているだけできわめて愛想がありません。購入してくれる顧客は商品の内容を十分わかっていて、ネーミングやパッケージングなどを購入の判断材料にしないからです。

また消費財は広告、宣伝、販促が大事で、テレビCMなどを的確に使えば必ず大きなレスポンスがあります。しかし生産財の顧客は、テレビCMを見て商品を買おうとは思いません。価格についても消費財は商品の相対的な価値によって、多くは消費者が決定します。一方、生産財は商品の相対的価値以外に、売り手と買い手の依存関係や需給バランスといったことが大きく影響します。

販売と企画に関していえば、消費財の場合、それぞれの責任が明確で販売と企画が分離しているため、商品が売れるか売れないかの責任の大半は企画部門にあります。それに対し、生産財は販売が直接顧客からニーズなどを聴取し、それを生産や開発部門に伝達し生産してもらうため、販売部門がすべての責任を負います。販売と企画は合体しているといえます。

ついでに販売組織について話をすると、消費財はチャネル別、地域別が多いのに対し、生産財は商品別、市場分野別、顧客別が多くなっています。

さらに細かいことをいえば、消費財は顧客サービスや相談室をなんらかの形で必ず設置しなくてはなりませんが、生産財には必要はありません。

用途がかなりはっきりしているのも消費財の特徴です。例えば車なら移動手段として、食品なら食べるために消費者はその商品を購入します。ある食品メーカーの営業マンは上司から「物を売って代金を回収するだけでなく、店頭に並べた商品をお客様が食べ、うんちになる。そこまで考えるのが営業の仕事だ」と教えられたそうです。

買ってもらえばそれで終わりでなく、消費者がそれをどのように使い、それが消費者の生活にどのような影響を与えるのか、そこまでイメージすることが大事ということでしょう。一方で生産財は、取引先によって用途がまちまちで最終消費者の生活にまで考えを巡らすことは難しいといえます。

また消費財は店頭で購入されるものが多いので、店のどこに陳列されるかが重要になります。お客様が手に取りやすい棚や、目立つ棚に置かれるかどうかで商品の売れ行きは大きく変わります。そのため問屋や小売店に売るだけでなく店頭でどの棚に置いてもらうかまで考える必要があります。

店頭の商品コントロール、消費者に買ってもらえる売り場作りの提案、といった多面的な能力が求められるのです。

ここで話は少し脱線しますが、私自身が東レという生産財メーカーの中で働いてきて、企業の生き方というかマーケティング戦略の差で結果が大きく変わると感じたことを述べたいと思います。

かつて私が入社する少し前のこと、学生が就職したい企業ベスト3といえばトヨタ、松下電器（現パナソニック）、東レでした。一時は東レが日本で利益ナンバー1という時代もあり、その頃はトヨタやパナソニックよりも優秀な社員が入ってきました。

それが現在は三社の売上高は大ざっぱにいうとトヨタが二〇兆円、パナソニックが一〇兆円なのに対し、東レは一兆五〇〇〇億円しかありません。どうしてこの差が生まれたのでしょう。その原因は東レの従業員の努力不足や人材の有無の差ではなく、選んだ事業の差だと私は思っています。トヨタは自動車、パナソニックは家電、東レは繊維を選びました。その差がこれだけ大きな差となったのです。

東レがトヨタやパナソニックにこと売上高では大きく水をあけられてしまったのは、東レの代表的事業の繊維が衰退産業になったからです。

東レとトヨタ、パナソニックとの決定的な差は売る相手です。車や家電の場合、売る相手は消費者です。ですからトヨタは車に使われる素材から部品まですべて自社の製品として責任を持ち、車を作ります。一方、東レが売っているのは糸・綿であり織物です。消費者に直接売るのでなく売る相手はその原料を購入し加工する企業です。東レで素材を買った企業が縫製して売れそうなデザインの服を作り、それをデパートや量販店が売って、はじめて消費者の手に届く。東レ自身は消費者と直接は接点を持ちません。

もし東レが消費者と直接向き合う立場であれば原材料のみならず織編物・染・縫製まで自分の事業として利益を上げる努力をしていたはずです。中国あたりに縫製工場を作り、そこで服を作って日本に売っていたでしょう。日本の大手繊維メーカーである、東レ・帝人・旭化成は川下に出ていくのではなく、ケミカル・プラスチック・炭素繊維・住宅などまさに「Innovation by Chemistry（東レのコーポレートスローガン）」によって発展する道を選んだのです。もちろんそれだけではありませんが、結果、日本の繊維産業は衰退したともいえます。

逆にそこに目を付けて成功したのがユニクロです。ユニクロはいわゆるSPA(Speciality store retailer of Private label Apparel)として衣服を作り、直接消費者に販売することにチャレンジし、成功しました。加えてユニクロは東レと組んで新商品の開発もしています。

今も語り草になっていますが柳井正氏以下経営陣が東レにやってきて、東レのトップや繊維担当の役員がズラリと並ぶ中で「薄いけれど熱を逃がさない暖かい素材をユニクロ用に作ってほしい」と自分たちの商品戦略を語りました。東レの役員が全員ネクタイ姿なのに対し、ユニクロの人たちが全員ノーネクタイであったのが印象的だったといいます。平均年齢も二十歳近く違ったでしょう。先端企業と老舗企業が向かい合っているような非常におもしろい光景だったといいます。

その結果、生まれたのがヒートテックで、これをユニクロは世界中で一億枚以上売りました。それができたのはユニクロが消費者に直接洋服を売るという、消費者と接点を持った企業だったからです。

東レも消費者と接点を持つ企業であったら、自分たちの技術を生かしつつ繊維事業でのニュービジネスモデルを起こし、今のような体たらくではなかったはずです。要は日本の個別企業としてはともかく、繊維産業としては競争力強化のための手を何も打たなかったため、そこに気づいたユニクロが一人勝ちをしたのでしょう。

繊維の市場規模を考えると自動車ほどではないにせよ世界を相手にすれば大変な売上が見込めます。トヨタやパナソニックと一桁違うという結果にはならなかったでしょう。事実ユニクロは繊維事業で五兆円の売上を目指すといっています。

これはある意味消費財を作る企業と生産財を作る企業の違いを物語る一例でもあります。

ちょっと話は飛んでしまいましたが、このように消費財と生産財とではそのマーケティング手法が大きく異なります。このことを頭においてそれぞれのマーケティングのあり方を考えなくてはなりません。

ただし、だからといって消費財と生産財のマーケティングが全然違うという話ではありません。同じ消費財でも車と食料品では全然違いますから、そうした意味ではどの業界も皆異なるといえますし、逆に「事業を営む」ことや「顧客を幸せにする」という意味ではすべて同じともいえます。むしろ考え方やノウハウで共通する部分がたくさんあるといえるでしょう。

3 顧客の支持と満足を得る全社一丸の組織作り

生産財と消費財の営業手法が大きく異なると述べました。にもかかわらず生産財メーカーである我が社——東レでの営業研修のときに登場するケーススタディは、花王のヘルシアであったり、クロネコヤマト（ヤマト運輸）の宅急便だったりします。

受講した人たちからは「それなりにおもしろかったが自社の営業にはあまり役立たない」といった感想が聞かれます。

それはそうでしょう。消費財である花王のヘルシアのマーケティングの話を聞いてもブリヂストンにタイヤコード用のナイロン糸を販売している営業マンにはピンときません。もっともそういう意味では生命保険や投資信託を販売している人にもあまり役には立たないでしょうが。


私は生産財のマーケティング論が普及しない理由として、生産財の商品販売形態が川上から川中、川下に至るまで多種多様であることと、「売り手の商品特性」と「売り手と買い手の関係の多様性」が生産財マーケティングのあり方に混乱を招いているという二つを考えています。

このことについて、東レが扱う生産財を例に少し解説します。

商品販売形態について、「川上」とは主として合繊原料や、合繊糸綿、樹脂、炭素繊維などの「材料」です。顧客は比較的大手企業が多く、ロットもまとまっています。

「川中」は合繊使いの織物、編物、フィルム、建材などの「中間部材」で、顧客は比較的中小企業が多く、小ロットの取引が中心です。

また「川下」は衣料（アパレル）、医療器材、プラント、人工芝などで、製品によって顧客のあり様、ニーズ、販売方法はさまざまです。

もう一つの「売り手の商品特性」とは、例えば合繊糸綿の場合、誰でもそのまま使用できる「汎用品」か、ある特定の顧客や用途に限定して開発した「差別化品」かで販売の仕方が異なるということです。

その商品のライフステージが導入期か成長期か成熟期かによってもマーケティングは異なります。合繊が新製品であった導入期は、ナイロンとは何か、どのように使用するのか（どのように織物にするのか）を丁寧に顧客に説明しつつ販売しなければなりませんが、今や合繊は成熟期にあり、そこそこの品質のものが中国をはじめアジアから大量に輸入されており、顧客はどちらかというと価格や納期に関心があります。
さらに「売り手と買い手の関係の多様性」とは、顧客を特定して売るのか不特定多数に売るのか、顧客の要求するスペックに応じるのか応じないのか、このことも生産財の種類によって大きく異なります。

しかし、私は営業というのは「顧客の支持と満足を得る全社一丸の組織作り」と考えていて、さまざまな戦略――商品戦略、価格戦略、流通戦略、販促宣伝戦略、販売戦略の各戦略の重要度に差があるだけだと思います。

話は少し難しくなりましたが、これから私が営業のあり方についての話をする前に、このへんのところを頭の片すみにおいてほしいと思います。

4 何を売るべきか考えることも重要

前で生産財と消費財ではマーケティングが違うという話をしました。営業という仕事を考えるにあたってもう一つ前提としておきたいのが、管理職の営業と担当営業の違いです。

営業とはたんにものを売ることでなく、事業を営むことの一環です。営業の目的はものやサービスを売って会社に利益をもたらすことですが、いかに利益を上げるかを考えるとき、管理職の営業と担当営業では目線を変える必要があります。

ものやサービスを売って利益を得るにはコストより売値が高くなければなりません。また値段や利益率に応じた数を売ることも大事です。そのためにいくらで売ればいいか、どれくらい売ればいいかを考えるのは担当営業の仕事です。

一方、自分が担当するものをいかに売るかではなく自分は何を売るべきかを考えることも利益を得るためには重要です。売れないものを無理やり売ろうとするより売れるものを売ったほうが会社に利益をもたらすことができます。

とはいえ今売れないからといって、それが将来的にも売れないかどうかは不明です。逆に今売れているものが将来も売れるとは限らず、いずれ会社の荷物になることもあります。

例えば東レの場合、炭素繊維は十年以上も赤字を続けてきた不採算部門でした。毎年会社のあちこちから「炭素繊維なんか潰してしまえ」と言われ、事実アメリカやヨーロッパではほとんどの企業が撤退しました。日本のメーカーはしぶとく継続し、東レ、東邦テナックス、三菱レイヨンの三社が存続の道を選びました。

するとゴルフシャフトやテニスのラケット、釣り竿などに使われていただけだった炭素繊維が、航空機にも使われるようになったのです。今、航空機業界はすべて炭素繊維を使う時代になろうとしています。ほかにも電車の防音壁や風力発電の風車に使われたり、最近では自動車の部品にも使われるようになっています。

軽くて強いのが炭素繊維の最大の特徴です。「鉄を使うか炭素繊維を使うか」というとき、炭素繊維は価格が圧倒的に高いものの、軽量化できるため燃費がよく結果的に経済性に優れることになるのです。

新幹線のボディに使うという話も出てきています。行く行くはこれまで鉄が担ってきた部分の多くが炭素繊維に代わることになるでしょう。そうなると今までお荷物事業だった炭素繊維に、ナイロン、ポリエステル、アクリルといったそれまでの黒字部門が束になってもかないません。そんな時代が目の前に来ているのです。

これは炭素繊維の将来性を信じて炭素繊維事業から撤退しなかった経営判断が最終的に正しかったことを意味します。判断を下すのは最終的に経営者ですが判断材料を出すのは営業の仕事です。

ただこうしたことを担当営業マンに考えろと言っても無理です。「ナイロンはもう限界だから自分は炭素繊維を売る」というのは筋が違います。炭素繊維の将来性に期待するのは自由ですが、自分の担当がナイロンならナイロンをいかに売って利益を出すかを考えなければなりません。

一方で管理職ともなれば自分の担当がナイロンでも、そのほかの事業について目配りすることが求められます。たとえナイロンが好調でも将来的にどうなるかを常に見据えておく必要があります。

かつてナイロンは供給者側の力が強く、メーカーは何もしなくても高い利益を出すことができました。ところがやがてキロ一〇〇〇円以上で売れていたものがキロ六〇〇円でしか売れなくなり、利益を確保することが難しくなってきました。

言葉としてはあまり適切ではないかもしれませんが、営業といってもこうした管理職営業と担当営業といった違いがあり、それぞれの立場で自分の役割、期待されていることを自覚し対応しなくてはなりません。

5 あらゆる人を幸せにするための活動

『広辞苑』を見ると営業とは「営利を目的として事業をいとなむこと」（『広辞苑　第六版』新村出編、岩波書店）と書いてあります。

ここから転じてある特定の行為――飛び込み営業法やプロモート活動が営業であるといわれたりします。

一方、営業とは企業活動の集合体を指す言葉としても用いられたりします。

つまり、企業活動とは「利益」を生み出すことを目的としたものです。

利益を得ようとすると商品を顧客に購入してもらわなくてはなりません。

そのためには顧客のほしいものは何かを適切に探り当て、それを適正な価格で供給しなくてはなりません。そうした活動を通じて利益を獲得していくわけですから、企業行動の最先端に顧客がいます。

そのことからドラッカーは「会社の目的は顧客の創造である」と喝破したのです。企業がどのような行動をとるかを決定するのは顧客です。

つまり顧客が何をいくらでどれだけ買いたいかによって企業の行動が決まっていくのです。営業とはそのことをすばやくつかみ利益を上げる活動なのです。

それを正しく遂行することによって「顧客に支持と満足をいただき」、結果として「顧客に幸せをもたらす行為」となることが営業の最終の目的なのです。

そのために必要なマーケティングとは小手先のスキル、技法ではありません。マーケティングとは顧客を基点とした活動、つまり顧客のニーズを満たすこと、あるいは顧客のニーズを作り出すための大きな発想法であり仕掛けのことです。

営業とは「顧客に支持と満足をいただくための仕事」ですから、顧客に商品やサービスを適切に提供することで売上アップや問題解決に貢献するだけではなく、新しい商品を開発部門に作ってもらうことも、また生産部門に適切な品質やコストを確保してもらうことも大事な仕事といえます。

とくに生産財の営業は、常に顧客と自社の開発・生産部門とのパイプ役になって双方の連携を図ることが重要なミッションとなります。

このあと営業の仕事についてさまざまなことを述べますが、もう一つ大事なことはこのようなマーケティング思考はすべての仕事に共通しているということです。「顧客」が「他の人（社内の他部署の人も含め）」に変わるだけです。すなわちマーケティングとは「あらゆる人を幸せにするための活動」を指すのです。

6 「売る」ではなく「知る」が基本

「営業とは顧客を幸せにする仕事である」と定義しましたが、そういう意味では営業マンたるもの常に顧客の視点に立たなくてはなりません。素直な気持ちで顧客の悩みや課題を理解し、顧客が満足するようなあらゆる方策をとらなくてはなりません。

そのために営業の出発点は顧客が今何を望んでいるか、何に困っているか「現実を直視し事実を知ること（ファクトファインディング）」でなければなりません。

要は、営業というのはものを「売る」ことではなく、「知る」ことが基本です。例えばマーケットリサーチをして「知ろう」とすることがあります。しかし、マーケットリサーチなどはすでに現実に市場にあるものしか調査できず（例えば顧客が求めているものが何かはわかる）、出現したら喜ぶもの（例えば顧客は何を作ったら満足するのか）は、わからないのです。

顧客が求めているもの、提供したら喜ぶものは何なのか、顧客の立場から見たビジネスの考え方が基本になくてはなりません。

それが見つかれば「売れる仕組みづくり」ができるわけですが、そうしたものは「知った」うえでよく「考える」ことが必要で、そのときは、従来のやり方、コスト、品質ではない新しい何か、即ち「イノベーション」がなくてはなりません。

そうした「イノベーション」というのは何も奇想天外なイノベーションでなくてもいいのです。他社と少し違う、差別化されたもの――要は顧客がふり向いて買ってくれるような新しい何かなのです。それは商品でなくてもかまいません。新しいビジネスモデルでもいいのです。

日本ではじめてコンビニが登場したとき、こんなものが世の中に広まるのだろうかと多くの人が感じました。しかし、商品は少々高くてもいつでも近くで買えるという利便性で、あっという間に拡大して、今ではコンビニのない街がないほどです。これなどは卓越した新しいビジネスモデルの創出でした。

7 営業＝販売ではない

「営業」と「販売」はよく似た言葉で、両者をほとんど同じように使っている人も多いはずです。

もっとも「営業マン」という言葉はあっても「販売マン」という言葉はありません。また、「販売員」とはいっても「営業員」とはいいません。皆無意識であれ営業と販売は似ているけれど、どこか違うものと思っているのではないでしょうか。

優れた営業マンとは何か、営業の仕事とは何かを考えるにあたって、「営業」と「販売」の違いをはっきりさせておくことは一助となるはずです。

『大辞泉』によると営業は「利益を得る目的で、継続的に事業を営むこと。また、その営み。特に、企業の販売活動をいう」（『大辞泉』松村明監修、小学館）とあります。

一方、販売は「商品を売ること」です。

つまり販売とはたんに商品すなわち物やサービスを売ること、営業は販売の意味もありますが、継続的に事業を営むという利益責任を伴うことを意味します。

そう考えると、営業支店は営利企業が営利事業を展開するための活動場所、販売支店は物やサービスを売るための場所となります。

これはある意味、会社の組織すべてが「営業支店」ということです。その「営業支店」の中に物を作る人、物を開発する人、物を売る人、物を管理する人などがいるのです。物を作る人の集まりが生産部門、物を開発する人の集まりが開発部門、物を売る人の集まりが販売部門、物を管理する人の集まりが管理部門です。つまり、管理部門の一つである経理や総務も、上位概念としては「営業」をしていることになるのです。

そして営業活動の目的を具体的な機能別に分けると、生産部、開発部、販売部といった部門編成になります。だからそれぞれに「技術」という言葉もつけられます。生産なら「生産技術」、開発なら「開発技術」、販売なら「販売技術」となるわけです。

ところが「営業技術」という言葉はありません。強いていえば「経営学」で、やはり営業はほかの機能とは一線を画し、企業活動全般を指す言葉なのです。

その意味で事業部制の場合、事業部一つひとつが営業の単位といえます。東レも事業部制をとっていますが、東レの場合は東レ株式会社という大きな営業があり、各事業部も事業部ごとに、それぞれ営業を行っているのです。

持株会社と子会社の関係もそうでしょう。持株会社自身が営業活動を行い、一方で子会社も営業を行う。結局は「利益」を追求する活動が営業なのです。「利益」というキーワードで考えれば、ただ物を売るだけの「販売」との違いが理解できるのではないでしょうか。

つまり物を売る最前線にいる人だけが、営業活動を行っているのではありません。字義どおりに考えれば製造現場にも「営業」はあるのです。

例えばメーカーの製造現場には、取引先の購買担当者の顔写真を貼っているところがあります。今作っている商品がパナソニックに納めるものなら、パナソニックの購買担当者の顔写真を工員によく見える位置に貼っておくのです。

パナソニックには何十万人も従業員がいます。ただ「パナソニックに出荷する商品」というだけでは漠然としていて、物を売買している実感が湧きにくい。パナソニックに出荷するといっても実際に発注して商品を受け取るのは個人です。その個人の顔写真を貼ることで、その仕事に対する緊張感を持たせたり、愛着を持たせようとしているのです。

品質検査をする人の顔写真を貼っている工場もあります。出荷に際してはその商品に問題がないかどうか検査を受け、通る必要があります。ある意味それは工場で働く人と検査員の戦いでもあります。その検査員の顔写真を貼ることで、ともすればダレがちになる作業現場に活を入れるのです。

これらも生産部門が行っている営業活動の一種といえるのではないでしょうか。かつて東レのある部門ではこうした製造現場の人たちを応援するため、品質検査を通りやすくしようと営業部門が〝援護射撃〟を行ったことがあります。

その商品の相手先の品質検査は抜き取り式で、一つでも不合格が出れば同時期に作られたものはすべて返品されます。品質検査は人の感覚を用いて行う感応試験方式です。後ろから光を当てて折り段があるか、縦筋があるか、綺麗に色が出ているかチェックするといった具合で、個人の能力に左右される部分もあります。

そこには検査員の個性も絡んできます。検査員の中にはチェックの甘い人もいれば、厳しい人もいます。ある会社の商品には甘いのに、別の会社の商品には厳しい人もいます。好意を持っている会社に対しては、多少の不具合なら大目に見ようという検査員もいるようです。

品質検査は大勢の検査員がローテーションを組みながら、あるときはAさんがB社の商品、あるときはCさんがD社の商品といった具合に行います。そこで営業部門では検査員のローテーションを調べ、できるだけ自社の商品に対するチェックが甘い検査員が当たるよう采配したことすらあります。

姑息な手段と思うかもしれませんが、一人の検査員の好き嫌いで、長年研究開発してきた商品が全部突き返されるとなると泣くに泣けません。生産現場の苦労を見る中で、自分たちも何か役に立てないかと営業部門で考え、生まれた知恵だったのです。

8 売れるものを「作る」ことを考えよ

営業の仕事というと、自社製品をお客様に売ることと大半の人は思っています。営業マンの多くも「営業の仕事は会社の利益を極大化すること」と上司や先輩から教えられるようです。そしてそれを営業の役割と信じています。その目的のためには極端な言い方をすれば顧客を不利にしてもいい。顧客を犠牲にしても我が社が儲かることが第一。社長ですらそう思っている人はたくさんいます。

そこから、

「営業マンは口がうまくなければいけない」

「トラブルが起きたとき、お金を使わず口先で相手を丸め込むのがよい営業マン」

「同じものを他社より高く売ってこそ営業マン」

などといった考え方も生まれてきます。自身が営業マンかどうかを問わず、おそらく大半の人が営業についてこうした考え方を抱いています。

しかし営業の本質はそんなところにはありません。どんなに優れた営業マンでも世の中に需要のない商品を売ることはできません。逆にどんなに駄目な営業マンでも需要のある商品を担当すればいくらでも売ることができます。

例えばカメラのフィルムです。フィルムが必要なカメラを使っている人など、今ではごくわずかです。そんな中でカメラのフィルムを売ろうとしても絶対に無理です。会社の先輩が「俺がお前ぐらいのときは何十億円も売っていた。売れないのはお前の根性が足りないからだ」といくら発破をかけたところで無理なものは無理です。

逆に今、自分の担当している商品が売れているからといって、それがすべて自分の力かというとそうではありません。先輩たちが苦労をして需要を作ったり販売ルートを築いたりしてそれが世の中に認められ、たまたま自分の時代に売れるようになっただけとも考えられます。

時流に乗った売れる商品でありさえすれば、どんな人でもいくらでも売ることができます。そう考えると、営業マンの本当の仕事は「顧客は何を求めているのか」「顧客は何を提供したら喜ぶのか」という、その「何」を探し、見つけることといえます。そして見つけたものを会社に作らせることです。もちろんそのためには大変な時間がかかります。しかしこれこそ営業マンにとって最も肝心な仕事なのです。

一般に営業マンはどれだけ商品を売ったかで評価されます。売上の多い営業マンほど優秀であると評価されますが、どれだけ売ったかは、実は会社にとってさほど大きな問題ではないのです。商品が売れたのは営業マンの努力以上に、その商品を作った人のおかげです。あるいはその商品が売れると見越し、作るように働きかけた人のおかげです。

売れるのが当然の商品は誰でも売れます。そういう商品が売れている間に次に売れる商品を見つけ、開発し、販売ルートを築いたり、世の中に知らしめていく。それこそが真に営業マンに求められる仕事なのです。

では、売れる商品はどうすれば見つけられるかというと、一つはエンドユーザーが何を考えているかキャッチすることです。そして同時に、営業を行うにあたって取引先のライトパーソンを見つけ、そこに向かって売り込むことです。

その商品をほしがるかどうかは人によって違います。例えばある商品を購買部に売り込んでもけんもほろろだったのに、直接社長に持ち込んだら興味を持って買ってくれたということは少なくありません。誰がこの商品に興味を持ってくれるか、この商品を買うにあたって決定権を持つのはその会社の誰なのか、そうしたライトパーソンを見抜く力を持つことが大事です。

多くの人はそのあたりを考えず慣例どおりの部署にやみくもに売り込もうとします。そして無駄なエネルギーを費やしたり、無駄な残業をしたりすることになるのです。

うまくいかないときは「今のやり方はひょっとしたら間違っているのではないか」と少し立ち止まって考えてみることです。今までのやり方が正しいとは限らない。先輩から教えられたやり方を守るべきとも限らない。正しいやり方を決めるのはあくまで自分自身なのです。

売り先を変えることで、まったく売れなかった商品が大ヒット商品になった例の一つが、東レの開発した人工皮革エクセーヌです。なめらかで暖かみのある風合いを持ち、それでいて従来の本革や人工皮革より格段に手入れがしやすく耐久性もある。非常に優れた製品ですが、日本ではどのアパレルメーカーにも相手にされず、当初はまったく売れませんでした。

ネックは値段で、当時羊の革が一平方メートルあたり一〇〇〇円程度であるのに対しエクセーヌは六〇〇〇円ぐらいしたのです。

それが売れるようになったのはアメリカのデザイナー、ロイ・ホルストンに採用されてからです。

彼のデザインする服はジャクリーン・ケネディやハリウッド女優など当時のファッション・リーダーたちから愛用されていました。彼がエクセーヌで服を作って彼女たちに着せたところ、いっきに注目が集まりエクセーヌは飛ぶように売れだしたのです。

日本で六〇〇〇円で高いと言われたものを一万円ぐらいで売りましたが、それでもどんどん売れました。アメリカのファッション界は日本のように「羊と比べていくら高い、安い」といった価値観で動いていないからです。

その後、同じことが自動車のシートでも起こりました。当初エクセーヌはコートの素材として使われましたが、現在エクセーヌの最大の用途は自動車のシートです。

エクセーヌを自動車のシートに使ってもらうにあたり、最初は当然のことながら日本最大の自動車メーカーであるトヨタに持ち込みました。ところが従来から使っている本革のほうが安いということで、まったく相手にされませんでした。

風向きが変わったのは、やはり海外で採用されてからです。イタリアのランチアという自動車メーカーが採用し、その後メルセデス・ベンツやＢＭＷなどでも使われるようになりました。

やがてトヨタの重役がヨーロッパに来た際、今乗っている車のシートの素材が日本製と知って驚いたそうです。このとき重役が周囲に「こんな製品知っているか？」と聞いたところ、誰も知らなかったとのことです。末端のほうで情報が止まっていたのでしょう。

営業マンと同様に商品を買う側も「我が社の利益の最大化を図る方法はできるだけ安いものを買うこと」と思っています。従来より高いものには興味を示さないし、そうした情報も上には入らないようになっているのです。

つまり営業マンはこの情報を誰に持っていくのが一番よい条件で売れるか見極めることが大事で、さもなくばせっかくニーズのある商品であったとしても世に出なくなることがあるのです。

9 礼儀正しさにまさる攻撃力はない

私は二〇〇六年に『ビッグツリー――私は仕事も家族も決してあきらめない』（WAVE出版）という本を出版しました。私の三人の子供のうち長男は自閉症という障害を持ち、妻は肝硬変とうつ病を患い、十年間に四〇回ほどの入退院と三度の自殺未遂をしました。そうした家族の心と命を守りながら仕事でも一定の成果を残した人生をつづった内容です。

その出版記念パーティをホテルオークラ東京で開いたのですが、私は東レという会社のサラリーマンにすぎません。当初そのパーティに一体何人の方が来てくださるのか不安でした。ところが、そんな不安とは裏腹に、なんと三〇〇人もの方が駆けつけてくれたのです。

私の会社関係の人が一五〇人と、会社とは関係のない人が一五〇人でした。

その中に二十年前、私がわずか二年間だけ営業をしたときの取引先の社長さんたち一〇人の顔がありました。そのうち三人は奥さんを伴っての参加でした。

わずか二年間のおつき合いでしかなかった人たちが二十年もたってから岡山、金沢、名古屋など遠くから私のために駆けつけてくれたことにひどく驚き感動したものです。

「佐々木さんのお祝い会には万難を排して出席しないとね」と笑って言ってくれたかつての取引先の社長の顔を見て「人とのつき合いは時間の長さではない。その密度だ」とも思いましたし、私が仕事をするうえで最も大事にしていること、象徴的に「礼儀正しさ」と言っていますが、

「人との約束は守りなさい」

「何かをしてもらったらお礼を言いなさい」

ということ、つまり、幼稚園のときに誰もが教わっている「人として当たり前のこと」をきちんとしていたら信頼関係が築けるとも感じました。

『ビジネスマンの父より息子への30通の手紙』（G・キングスレイ・ウォード、新潮文庫）の一節にも「礼儀正しさにまさる攻撃力はない」という言葉があります。私は、「礼儀正しさだけでリーダーになれる」と、部下に言ってきました。

その基本的なことをきちんとできる人が「人間力のある人」であり、人に信頼される人だと思っています。

私にはわずか二年の営業の経験ではありましたが、このとき「人と人とがコミュニケーションをとって進める仕事はすべて営業の仕事に通じる」のではないかと感じたのです。

営業の経験はなかったのに営業でそれなりの成果を残せたのはそうしたコミュニケーションをきちんととろうと努力したこと、営業とは「顧客の支持と満足を得る仕事」であり「顧客を幸せにするための活動」という考えを持ち、それをお客様に認められたからではないかと思います。

その出版記念パーティでは、かつての取引先以外に官民の勉強会の「浩志会」の仲間、「中国研究会」や「マーケティング部会」など勉強会仲間、それに中学から大学までの学生時代の同級生など多くの友人たちが参加し、私を祝ってくれました。それぞれつき合った時間はそれほど長くはないのですが深い絆ができた人たちでした。

私が二〇一〇年六月に東レ経営研究所の社長を退いたとき、かつての部下たちが「ご苦労さん会」を開いてくれました。仕事ではかなり厳しい上司であったと思いますが部下たちとは深い信頼関係でつながっていたように思います。

こうした出版記念のパーティのときや私が東レを退いたときに感じたことは、どのような仕事でも大事なことはあまり変わらないものだということです。

そういう意味では組織でのあらゆる活動、そして生きていくことすべてが営業活動に通じることがあると感じずにはいられません。

第2章

事実をつかむことからはじめよう

1 「五年先」のニーズは読める

顧客の支持と満足を得るためには、世の中のニーズをつかみ、それに合った商品を作ることが求められます。では、そういったニーズをどのようにつかめばいいのか。

この章では、情報をつかむために必要な考え方について述べます。

私は家族で自宅近くの「餃子の王将」に出かけることがあります。安くて美味しいと思います。でも時々自由が丘や横浜で、いささか高いですが雰囲気のよい店にも出かけます。

娘は普段着をユニクロで買いますが、ブティックで高価な服を買うこともあります。

顧客のニーズといっても多種多様で一つではありません。こういったことは消費材だけではなく生産財を扱っている会社でも同じです。いつも定番の安価な材料ばかりを要求してくるわけではなく、値段は高くとも耐久性のある軽量の差別化品を求めてくることがあります。

このようなことがなぜ起こるのか、市場を分析し、理解しなくてはなりません。

「市場のことは市場に聞け」
「顧客のことは顧客に聞け」

ということが基本です。

消費材などはまさに「顧客に聞く」ことになります。一方、生産財の場合は、もちろん直接販売する先の顧客にも聞きますが、「市場に聞く」ということが重要です。

この「市場に聞く」というのは、今起こっていることを理解しつつ、将来を予測するということです。

それが世の中で需要のある商品なら、どんな営業マンが売っても簡単に売れます。

需要のない商品をいかに売るか考えるより、需要のある商品をいかに作るかを考えるのが真に優秀な営業マンの仕事です。

そのためには世の中が何を求めているのか、ニーズをつかむことが重要になります。実際優秀な営業マンは、

「次に何が売れるか」

「これから求められるものは何か」

を常に考え探しているものです。人の後追いではなく自分で探して見つける。そうすれば誰よりも早く動くことができ、それだけ多くの利益を得やすくなります。

とはいえ現実には「どうやって世の中のニーズをつかめばいいかわからない」と思っている人が大半でしょう。「未来なんて予知できるはずがない」と端《はな》からあきらめている人もいるはずです。

しかし世の中のニーズをつかむのは、決して一部の特殊な人にしかできないことではありません。賭け事のように偶然で当たり外れが決まるものでもありません。

たしかに十年、二十年先のことを見通すのは大変です。しかし五年先に起こることならすでにもう予兆は出ています。それを見つければいいのです。去年と比べ今年はこうなった。ならば「来年はこうなる」といった予想は、そう難しくありません。さらに考えを発展させれば「五年後はこうなる」とおよその見通しが立つはずです。

こうした観察をするとき、現実や変化をメモにすることをおすすめします。ただ目に入ったことをやりすごすのではなく、自分のノートや手帳に書き出しておくのです。私はいつも手帳を持ち歩いていて、ちょっとした変化や顧客の言葉を書きとめておき、電車の中や人を待っている間に読み直したりします。そうしていると重要な事実に気がついたり、よいアイデアが出たりします。

このとき、観察の対象は消費者に近ければ近いほど参考になります。消費者にできるだけ近い場所にいる人から話を聞く。実際に消費者の近くまで行って観察する。そうして消費者が何を考えているか、現場で何が起きているかを知れば、次に求められることが見えてきます。

とくに東レのような素材メーカーの場合、目の前で起きていることを確認してから手を打っても十分間に合います。ただしこれも消費者に近いところから情報を得なければ、何もできないまま終わってしまいます。

結局大事なのは労を厭わず、正しい場所で正しい人から話を聞くことです。そうすればおのずと世の中のニーズはつかめるのです。

消費者に近いところから話を聞くといっても、やり方はいろいろあります。東レの場合、繊維部門なら直接つき合うのは、例えば紡績会社の人です。この担当者が勉強熱心でしょっちゅう小売りの人たちから話を聞いているようなら、担当者から話を聞くだけでもいいでしょう。直接自分が小売りの人と話さなくても、かなり正確な情報をつかめます。

しかし中には勉強熱心でない担当者もたくさんいます。自分の会社のことしか頭になく、工場で紡績した糸を出荷して終わり、そこから先その糸がどう使われるのか興味がないという人の場合は、こちらも安閑としていられません。

優秀な営業マンといわれている人だからといって、必ずしも皆消費者に近いところにまでアンテナを張りめぐらせているとは限りません。海外にたくさん糸を売っていても、その糸がその後どう流れているか、海外のどの縫製メーカーが使っているのかには興味がないという人はたくさんいます。

アメリカでの需要が多いのか、イギリスでの需要が多いのか、どのような用途なのか、そうした質問に対してまったく答えられないといった場合は、自分で動いて聞くしかありません。

中間業者を通り越して、直接小売りの現場に足を運ぶことに物おじする人もいますが気にすることはありません。現場の人はこちらが驚くほどいろいろなことを話してくれます。

むしろ直接の取引関係にある人や会社、あるいはその業界の人に対してのほうが、利害が絡むためなかなか本音を言いたがりません。しかし小売りの人にとって繊維原料メーカーは直接の利害関係にはありません。それでいて近い業界なので、喜んでいろいろ話してくれるのです。

自分の業界と少し離れたところから情報を仕入れることで大きな成功をつかんだ典型例が、前に述べましたがユニクロのヒートテックでしょう。薄くて暖かいことから大人気を博している防寒ウェアですが、ここで使われている繊維は東レと共同開発したものです。

ユニクロの人たちが自分たちと近い関係にある縫製工場や紡績会社などと話すだけでは、あのような商品は出てきません。もう一つ前に遡って繊維原料メーカーと話すことで、従来にない新しい繊維を使った商品が誕生したのです。

ヒートテックの販売開始は二〇〇三年ですが、いまだユニクロの基幹商品の一つになっています。ユニクロがこの商品で大変な利益を得たことは間違いありません。もちろん東レもずいぶん儲けさせていただきました。

現場を訪れることが望ましいのは営業マンだけではありません。技術部門の人たちにとっても日頃こもっている研究所や工場から外に出て現場の空気を吸うことは、世の中の動向を知ったり新たな発想を生み出すうえで重要です。

ふだん会社の中にこもっている技術部門の人たちは、ともすれば自分たちの作っているものが最終的に人の着るものなどの製品になることを忘れがちです。とはいえ技術部門の人たちは外部の人と接することに慣れていないことが少なくありません。そこで営業マンが仲介役となり、外の世界を見せるようにするのも一法です。

以前、ある営業マンの方に、こんな話を聞きました。技術部門の人が「風合いが大事といいますが、どんな風合いが求められているのでしょう」と質問をしてきたそうです。その営業マンは、即座に「そんなことは中でいくら考えてもわからない。外に出て自分で調べろ。洋品店でも百貨店でも行って、何でもいいから触りまくってこい」と言って、販売部門の人間に彼を預け、外に連れ出してくれるよう頼みました。

そこで、販売部門の人間が彼をとりあえず大阪の高級ブティックに連れて行きました。もちろん彼は日頃高級ブティックとは無縁の生活をしています。おそらく生まれてはじめて訪れる高級ブティックでしょう。気押された彼は美しい店内に土足で上がってはいけないとばかり、思わず靴を脱いで入ったという笑い話もあるほどです。

それでも直接服が売られている現場に出向き、いろいろな服や生地に触れたことは、彼にとって、人はどんなものを気持ちいいと感じるのか、今どんなものが好まれているのかなどを知るいい機会になったはずです。以後の研究開発に大いに生かされたのではないでしょうか。

2 競争相手が同業他社とは限らない

東レはもともとレーヨンを主たる事業としていて、昔は「東洋レーヨン」と呼称していました。戦後、日本ではじめてナイロンを生産し、従来の天然繊維や再生繊維のマーケットを侵食し、拡大していきました。

その後、ほかの繊維メーカーもナイロンを手がけ出し、六社体制になりましたが、隆盛を極めたナイロンも、あとから売り出されたポリエステルにその機能性とコスト競争力の劣位から追い抜かされてしまいました。

ナイロンメーカー六社がしのぎを削ってシェア争いをしていたわけですが、実はそのとき、検討しなくてはならなかったのは、もちろんナイロン固有の用途――例えばストッキングや下着、タイヤコード、漁網などの強化――もありますが、ポリエステルの生産拡大だったのです。

ナイロンメーカーにとって、敵は同業他社ではなく他素材だったのです。似たようなことはさまざまな業界で起こっています。

かつて日本には数え切れない日本酒メーカーがあり、しのぎを削っていました。その頃、日本酒メーカーは焼酎を一段格下のお酒として見くびっていました。ところが、品質向上を重ねた結果、焼酎の生産量は日本酒を凌駕するようになります。日本酒メーカーの競争相手は月桂冠や八海山ではなく魔王や佐藤となったのです。

私たちの周りを見ても、昔は酒屋さん、タバコ屋さん、お米屋さん、お豆腐屋さんなどがあり近所の同じ店に負けまいと一生懸命努力していました。しかし今ではそういった品物はスーパーやコンビニに行けばたいてい手に入ります。結果、そのようなお店はいつの間にやら消えていきました。

昔はお葬式はお寺ですることが多かったのですが、今では葬式専用の施設があり、実際のお葬式は皆インターネットで内容や値段を比べて依頼するようになりました。インターネットといえば、旅行やホテル・旅館を決めるのもお酒やペットの食料や本を買うのも、銀行の振り込みもみなインターネットでできるようになりました。

書籍も電子書籍が出はじめ、新聞も電子化されはじめました。

携帯電話ではドコモとソフトバンクの争いかと思っていたらアップルのiPhoneで

あったりします。

どこに自分の競争相手がいるのかよくわからなくなっています。

こんな時代は競争相手が同業ばかりではありませんので、よほど注意深くウオッチしなくてはなりません。

3「一〇〇円高くても買いたい」を察せられるか

バイヤーは自社の不利になる話を営業マンにしないものです。例えば紡績会社のバイヤーは繊維原料メーカーの営業マンに自社の立場が弱くなるようなことを言いたがりません。そこはその会社に勤める者としてのプライドなり面子があるからです。

「この商品はいい商品だが、この点をもう少し改良してくれればあと一〇〇円高くても買いたい」と思ったとしても、なかなか口に出しません。営業マンが、こうしたことに気づけないと、商品に不満を抱かせたまま取引が行われることになります。

ここでバイヤーがひと言本音を言ってくれれば、お互いいいことずくめです。営業マンにとっては会社に戻って技術部門の人間にほんの一工程増やしてもらうよう頼むことで、より高い値段で商品が売れるようになるかもしれません。しかもバイヤーからは「こちらの希望を聞いてくれた」と感謝されることになります。

一方、バイヤーもほんの一〇〇円高く払うことで、より使い勝手のよい商品を購入できます。それによって生じるメリットは一〇〇円ではとてもきかないはずです。

にもかかわらず実際バイヤーはなかなか本音を言いたがりません。言いたい本音があるのにプライドや面子が邪魔して、あるいは弱みを握られるのが嫌で言わないのです。そうしたバイヤーの本音を会話のやりとりの中から察し、こちらから「こうしてはどうでしょう」と提案するのも優秀な営業マンに求められる能力の一つです。

いざ話が進めばバイヤーは営業マンに感謝してくれます。さらに、バイヤーが「一〇〇円高くても買いたい」と思っていると察し、そこを「五〇円高くなりますが、いかがですか」と提案すれば、バイヤーは「得をした」とも思います。まさに一番よいものを一番安く売れる営業マンになれます。

また、営業マンは一工程増やすことで五〇円高く売れるのですから、会社をより儲けさせることができます。さらに「困ったときは、やはり君に言ってみるのが一番だな」という信用を勝ち取り、次の取引にもつながるでしょう。他社のどの営業マンよりも信頼してもらえるのは、大きな勲章です。

このように、話の中から相手の本音をくみ取る。これこそ営業マンの腕の見せ所です。例えば、そのために接待の場を設けるのも一案でしょう。これはまさに生きた交際費の使い方といえます。

接待というと営業マンがバイヤーに大盤振る舞いしていい気分にさせ、その勢いで商談を成立させるためのものと思っている人がけっこういます。しかしこれは真に優秀な営業マンのすべきものではありません。

たしかに豪勢な接待を受けたことで商談をＯＫするバイヤーもいます。しかしそういうバイヤーは他社の営業マンからさらによい接待を受けると、今度はそちらに転びます。自分の気に入っているホステスとの仲を取り持ってくれたからと、そちらにあっさり鞍替えする場合だってあるかもしれません。

真のバイヤーは、そんなことで商品の買う買わないを決めません。

「自社にとって必要な商品か」

「この会社とつき合うことは我が社のためになるか」

「品質が優れているか」

「価格は適正か」

そんなことを勘案して決めます。

ですから、こうした真のバイヤーから本音を聞き出すための接待なら意味がありま す。極端な話、かりに会社が交際費として認めなくても、自腹を切ってでも接待する価値があります。真のバイヤーなら接待された店の格で相手を計ったりしません。相手と打ち解けるための接待ですから、自腹を切れる範囲の店を選べば十分です。

　また本音の情報を得て次に動く手を考えるという意味では、ほかにもさまざまな職種の人を相手にすることが考えられます。例えば新聞記者などは、一緒に飲めば競合相手の情報を話してくれることも珍しくありません。

　社内なら、総務など日頃日の当たらない場所にいる人と会話を持つのも有効です。こういう人は営業マンとは違う目線で見ていますから「社内でこんな動きがあるのをご存じですか」などと、営業にいたのではなかなかわからない情報を教えてくれることもあります。また日の当たらない場所にいるからこそ気がつく、非常に重要な情報を教えてくれることもあります。

　さらに技術部門の人を接待することも大切です。日頃から飲みに行って親しい関係を築いていれば、いざというとき一肌脱いでくれます。ふだんからこっそりとこちらが求める研究をしてくれることもあります。

「佐々木さんの言う研究はおもしろいですね。でもうちの研究費で予算をつけるのは難しいですから、別の研究費を流用して闇研究しましょう」といった具合です。

これらは非公式な情報、仕事ですが、だからこそ価値を持つこともあるのです。こうした非公式なものほど接待の場から生まれやすいのです。

もちろん交際費で落とせれば問題ありませんが、非公式だからこそ落ちにくい部分もあります。そこをどうするかは自分の判断です。


いずれにせよ接待は、それによってすぐに利益を得られるといった即効性を求めるより、いずれ役に立つかもしれない情報を得るとか、相手との関係を深める潤滑油として考えるべきでしょう。「彼にこれだけ使ったから、これだけ見返りがある」という明快なものではありません。場合によっては無駄銭になるかもしれませんが、それも含めての接待であり、交際費なのです。

ある場面で無駄銭を覚悟で払う。上司がそれを認めてくれないなら、身銭も切る。そうして交際費をいずれ生きるお金にすることも営業マンとして必要なことです。

4 「本当にそうか」情報は常に疑え

相手から情報を聞き出し、それを組み立てて仮説を立てていく。このとき大事なことは「事実は何か」ということです。あらゆる行動のスタート地点でこの事実の確認をしなくてはなりません。事実には報告された事実、希望的事実、見せかけの事実、常識とされている事実などさまざまな「事実」があります。

事実をきちんと把握していなければ打つ手は間違います。例えばアメリカのブッシュ元大統領はイラクには大量破壊兵器があるという「事実」に基づいてイラク戦争に突入しましたが実際にはそんな兵器は存在しませんでした。あれはＣＩＡからの「報告された事実」だったのです。

逆に事実をきちんと把握すれば解決する手段はほとんど決まってきます。

私が新製品開発の担当をしていたとき、ある営業マンが黒色の糸（原着糸と呼んでいました）を作ってほしいと言ってきました。聞いてみると、顧客が東レから買った糸を黒色に染めて加工するつもりなのですが、その染工場を手配できないため、黒色の糸を生産依頼してきたというのです。つまりその顧客は東レにどうしても黒色糸を生産してほしいわけではありません。黒に染められればいいわけです。

私はその顧客に染工場を紹介することで、その黒色糸を作ることを避けました。あとでわかったことですが、その営業担当は、その製品を工場に生産依頼すべきか自分の課で検討することもなく、独断で依頼してきていたのです。

顧客の要望だからといって何でも実行するのではなく、相手の真意は何なのか、代わりの方法がないのかよく吟味して行動しなくてはなりません。

一時期生命保険会社のセールスに若い女性が大量に配置されたことがあります。若い女性の勧誘ならお客は保険に加入するだろうということでした。しかし実際は、専門知識があり顧客のことを真剣に考える営業マンが実績を上げました。

私の友人で話術が優れている方がいました。自分でも自信があったのでしょう、自動車販売の仕事に就いたのですが、半年間で辞めてしまいました。

セールスに必要なことは若さや話術だけではないということです。

私はかつて二十いくつの事業や企業の再建の仕事をしてきましたが、最も気をつけたことは「事実は何か」ということであり、それさえ明確であれば再建策はおのずと出来上がっていきます。

もう一つ大切なことは、その対応策は本当にそれでいいのか、もっといい案はないのかと何度も確認することです。

花王の研究開発の人に聞いた話です。昔、シャンプーとリンスを別々に販売していたとき、「リンスのいらないシャンプー」を開発したのでさっそく画期的新製品として販売しようとなったそうです。ところが、その製品のネーミングや広告キャンペーンなどを検討する会議で、ある担当者が「本当に今のタイミングでこれを売り出していいのですか」と言いだしたのです。

皆一日も早く売り出すことで議論していたので驚いたのですが、その担当者は既存のシャンプーやリンスへの影響（販売減）やその生産体制や在庫状況などを確認し、調整してから売り出してはどうかというのです。また、この製品の登場によって既存のシャンプーとリンスの売上が減るのだから、まだ他社が開発していない今、あわてて上市することもないのではというのです。なるほどということになり、その新製品の売り出しは少し遅らせることになりました。

もう一つ、東レのめがねふきで「トレシー」という製品がありますが、日本でかなり販売できたので欧米へ輸出しようということになりました。ところが、欧州ではそこそこ販売できたのにアメリカではあまり売れない。おそらくアメリカの販売担当者が熱心でないか小売店での広告宣伝が不十分なのだろうということになって、宣伝にお金をかけましたが、それでもさっぱり効果があがりません。

ずっとあとになってわかったことは、アメリカ人はめがねを特別なものでふくという習慣がないということでした。シャツなどでめがねをふいている、ということだったのです。そもそもめがねふきを買うという概念がないのですから、いくら宣伝費をかけても売れないはずです。

このように現実を直視し、事実は何かを確認して、先を読まなくてはなりません。

5 クレームには感謝せよ

商品の品質や納期にいろいろ難くせをつけてくる人は営業マンにとってありがたい存在です。その商品をよく理解してくれて、もっとよくしてもらいたいと考えているからクレームをつけるのであって、何も言わない人よりずっとありがたい存在です。

それに品質についてクレームがついたとき、その意見を取り入れ改善すれば、その人から評価され、こちらのファンになってくれるかもしれません。

経営や営業というのは決して私事ではなく、世のため人のためにしているのですから、それに貢献してくれるそういった顧客は大事にしなくてはなりません。

商品をほめてくれる顧客もうれしいけれど、そんな顧客ばかりだとこちらが勉強しなくなってしまいます。常によりよいものを世の中に提供しようと考えているのであれば、いろいろやかましく注文をつけてくれる顧客こそありがたい存在です。

少し話はそれますが、クレームが発生したときの対応も大事です。

私が営業を担当していたとき、誤って指定された強度に満たないポリエステル原糸を出荷したことがありました。ある顧客がその原糸で漁網を生産してしまったのです。

出荷してしばらくしてからそのことに気がつき、すぐその取引先に飛んで行きました。使用した原糸分について代替品を出荷し、すでに出来上がっていた製品の漁網を時価で買上げるためです。

それを瞬時にしたものですからその取引先の社長は感動してくれました。以来私を信用してくれて、その会社との商売は大きく伸びたのです。その社長からは二十年以上経った今でも年賀状が来ます。

もう一つ例を挙げましょう。食品メーカーで、ある地域を担当する支店長をされていた方から聞いた話です。

その食品メーカーでは商品をコンビニエンスストアにも卸していましたが、あるときその地域一帯を管轄しているコンビニエンスストアの本部からクレームが来たそうです。その食品メーカーから供給される食品が賞味期限切れ間近なものばかりで、こんな商品は店頭に並べられないというのです。

支店長はコンビニエンスストアの本部に呼び出され「こんな商品を供給する会社とは今後いっさい取引しない」と言われました。問題となっている商品はもちろん、その食品メーカーが卸している食品すべてを取り扱わないというのです。

そんなことをされては何千万円という取引が一瞬にしてゼロになります。そもそも賞味期限切れ間近の食品を供給していた部署は支店長とは無関係の部署で、突然クレームをつけられても支店長にとっては寝耳に水だったそうです。

自分とは無関係の部署の不始末で自分の地域の商品が全部取引停止になるのでは支店長としても納得できません。しかし、相手にとってはそんな事情は関係ありません。同じ会社での出来事としか映らず「そちらが悪いから取引停止する」という話になったわけです。

結局自分がいくら頭を下げたところで相手の怒りは収まらないと判断した支店長は、賞味期限切れ間近の商品を卸していた部署のトップに事情を説明しました。するとそのトップは支店長と一緒にコンビニエンスストアの本部まで謝りに出向いてくれました。

支店長が期待していたのは当然謝罪によって先方をなだめて取引を再開してもらえるようにすることですが、彼の謝り方は違いました。

「そちら様のおっしゃることはごもっともです。彼には気の毒だけれど取引が全面停止になるのも仕方ありません」

聞いていた支店長は驚きましたが、そのあとの言い方がふるっていました。

「我々は今回御社からよいご指摘をいただきました。今回のご指摘をもとに体制を大きく見直し、改革改善に努めます。それがうまくゆき万全の体制が出来上がったとき、もう一度私が伺います。どのように変わったかご説明しますから、そのとき改めてお取引の再開を考えてください」

これにはコンビニエンスストア側も驚いたようです。てっきり「今後はこのようなことがないよう努めますから取引は続けてください」、あるいは「問題の商品はともかくほかの商品については取引を続けさせてください」などと懇願されると思っていたのでしょう。それが「全面停止でけっこうです」と言うのです。

もともと先方も取引を全面停止するのは本意ではなかったはずです。コンビニエンスストアにはその会社の食品を目当てに来るお客もいます。一商品ならともかくすべての商品を置かなくなれば、その商品を求めるお客は別の店に行ってしまいかねません。結局、そのコンビニエンスストアは問題の商品のみを一時停止としてほかの商品は継続してくれました。

見事なクレーム応対といえますが、彼はその場凌ぎのつもりでこのような言葉を言ったのではないでしょう。本心からクレームに対し謙虚に反省し、自社の体制を改革改善するつもりだったはずです。

それが相手の気持ちを軟化させたのです。

クレームをつけてきた相手を「面倒な相手」と思ったり、クレームをその場凌ぎの誤魔化しでやりすごそうとすれば、その気持ちは相手に伝わります。ますます信頼を失ったり評判を落とすことにもなります。

逆にクレームを真摯に受け止め感謝の気持ちや反省の態度を示すことで、それまで以上の信頼を勝ち取ることもできます。

ピンチはチャンス。クレームが発生してもその対応次第によってはプラスになるということです。

6 リスク回避にも数字の見方が必要

私は営業のあるべき姿は真摯な態度、信頼される対応、社内を動かす実行力だと考えています。その一方で、現状を知り戦略的な手を打つという意味から数字の読み方が極めて重要だとも考えます。

営業の基本は「売る」のではなく「知る」ことだとお話ししましたが、知るためにも、戦略を立案するにしても数字の読み方に通じていることが必要です。

私は営業課長のとき各取引先別売上日報、売上月報を作成させていました。顧客別にそれを見ているとさまざまなことがわかるからです。月末に集中して注文がくる顧客があります。なぜかというと、当時私の会社の支払い条件は二十五日締めの一カ月後払いだったため、二十五日から月末の間の出荷であれば、支払いの請求は次の月の二十五日締めで計算され、支払いはその翌月になるからです。約一カ月支払いに猶予が生まれるということで採算管理の厳しい会社はそういう対応をするのです。

私がポリエステルの生産販売計画を作る業務をしていたときのことです。品種別の月次計画をチェックしていると、特定の品種について、営業から三カ月に一度生産希望がきていることがわかりました。販売価格が高く採算は極めてよいのですが、ロットがまとまらないのが難になっています。営業に聞いてみるとどうも加工のスペースの関係で三カ月に一度の生産希望となるようでした。そこで九カ月分まとめて生産（つまり通常の三倍の生産）することにしました。在庫するための費用と生産の切り替えのロスをきちんと計算した結果、まとめ生産のほうが有利だったからです。

また、業績の悪化した会社へ出向したとき取引先の与信管理の仕事をしました。出向した会社は繊維の商社で、当然取引先は中小が多く、経営状況が悪化し倒産でもしたら債権が回収できなくなります。与信＝売掛金を持つということは他人にお金を貸していることですから、信頼できる相手でなければ取引はできません。ですから取引先の与信管理が営業の重要な仕事になります。

毎期取引先の損益計算書や貸借対照表をチェックするわけです。そのとき重要なことは時系列にトレンドを追いかけることです。

そのため、常に各指標をグラフ化していました。現預金、売掛金、在庫などの債権、買掛金、借入金などの債務、そして資本をグラフ化してみるのです。借入金比率、自己資本比率、在庫月数などの指標もグラフ化します。

そうするとその会社の実態がよくわかってきます。在庫が増え続けているというのは販売力に見合わない生産をしているということでもあり、効率の悪い経営をしていることがわかります。在庫を積み増すと不良在庫になる恐れもあります。借入金が増加基調にあると要注意です。また売上高の推移はとくに気をつけなくてはなりません。増減の傾向、特徴をよく見て、取引先にもヒアリングが必要です。

そういった個別の取引先の数字のチェックのほかに業界動向や経済全体をとらえる習慣もつけておかなくてはなりません。

自分が自動車用製品の担当であれば国内海外の生産・販売動向、為替の動き、中国やインドの生産販売状況、輸出入状況、関連業界の動向などマクロの指標をチェックし、自社にどのような影響があるのか予測しなくてはなりません。

私は二つの手帳を愛用していますが、大きな手帳のメモの中に、いつも自分が担当する業務に関係するデータ、例えば営業部長なら五年間の売上利益の推移、主要品種の価格と原価、担当する事業のマーケットサイズ、コンペティターのシェアなど基本的データを書いていました。そしてそのデータを電車の中や人を待っている間に暗記するのです。自分の業務に関連するデータは何か資料を見たらわかるということではいけません。頭の中にたたきこんでおくのです。

営業とはまず「知る」ことです。こういったデータを集め、その背景を分析し、しかるべき手を打つことが求められるのです。

7 来年の売上を予測する方法

営業マンにとって会議や月報・日報などの報告書はつきものです。

営業会議などは、どんな会社でもたいてい月一回とか毎週開催されています。会社によっては毎週月曜日朝八時から全支店長を集めて社長や営業本部長が訓示をする例があります。

私も何社かの営業の方にそんな話を聞いてびっくりしたことがあります。ある会社は週末までの一週間にどれほどの売上がなされたか事務局から報告させたうえで予算対比一〇パーセント未達だから今週はとり戻せとか、顧客を訪問しろとかげきを飛ばすのだそうです。

なるほどそういうことをしたらそれなりの緊張感は生じ、皆がんばろうという気持ちにはなるでしょう。しかし精神論的であまり建設的とはいえません。

数字も大事ですが、なぜそのような結果になったのか、その具体的内容の分析とそれを踏まえての対応をすることのほうが重要でしょう。

ですから必要なことは全員集めての大会議ではなく、そのことに関係する数人による小ミーティングです。Ａという取引先で売上がここしばらく減少しています。商品の問題なのか競争相手の会社の攻勢なのかなどを少人数でディスカッションしたほうが実りある対応策が出るはずです。


営業月報とか日報とかをよく書かせる会社がありますが、上司はそれを読んでいるのでしょうか。読んだとしても適切な指示をしたり、対応策を打っているのでしょうか。現実は、ほとんどは読まれていないか、読んでもそのままというケースが多いのです。

それだったらそのような日報など書くだけ無駄というものです。

私がよくしていたのは箇条書きで簡単な営業メモを作ってもらい口頭で説明を受けるというやり方です。こうすると書くための時間が少なくてすみますし、説明で全容がわかり対応すべきアドバイスも適切にできます。

なぜ無駄な会議や無駄なレポートといった非効率なことが行われているかというと「その目的が明確ではない」からだと思います。どういう目的で会議をするのか、何のための日報かということを明確にして共有化すべきでしょう。

ただし気をつけてください。ここでいう共有化すべき情報というのは自分の顧客、市場に関する情報のことですが、そういった情報は氾濫しています。

そんな氾濫している情報を収集しても利用度は低いでしょう。そのための営業会議などは非効率です。

大事なことは顧客や商品に対する動きの変化をつかむことであり、その変化を共有することです。

商品の売れ行きが前月比低下した。顧客が他社から購入した、などといった変化があったら、自分で徹底して考えることも大事ですが、営業チームの中で議論し、分析し仮説を出しそれを検証してみなくてはなりません。

そのとき、その変化を自分や自社の製品の立場からだけではなく市場や顧客の立場からも見るようにしてください。

また、その答えは現場にありますから現場を直視してください。そういう意味では変化を報告する営業報告者は重要です。それを基に変化の背景を知り、それを分析したうえで対策を議論する営業会議も同じく重要です。報告書も会議も目的が明確で、その目的にそって運営されてこそ有意義なものとなります。

情報の共有化というのは、そういった変化の理由を突きとめ、対応策を打ち、その結果を検証する——それをチーム全員が共有することをいうのです。

そういうスタンスでの営業報告書や営業会議は生きたものになるでしょう。

共有化ということはほかの人たちの営業の細かいことを知ることではありません。

もちろんほかの人の事例は参考にはなりますが、そんなことをいちいち聞いていたら会議は長くなります。

営業という仕事はさまざまな能力が要求される知的活動です。体力や気力もそれなりに大事ですがいわば知的ゲームです。私は「ビジネスは予測のゲーム」と考えています。

「事実は何か」と現状を把握し、将来に何が起こるかを予測し、戦略を立てて、実行する。これらが見事にはまり、ゲームに勝ったときの痛快さといったらありません。

しかも、その結果が形になって残ります。

「これは私がヒットさせた商品」

「あれは私が立ち上げた事業」

などと自分が投入した努力が形となって残るのです。これは、自己実現欲求の強い人にとっては、何物にも代えられない喜びといえるでしょう。

また、企業では毎年予算を作成しますが、私は必ず最後に「それでは来年の今頃、つまり実績が出る頃、この予算の売上高・利益はどれくらい達成されていると思うか」「そう予測するのはなぜか」とチームのメンバー全員に尋ねることにしています。もちろん自分なりの予測も立てます。

そして、その予測をメモに残しておき、一年経って実績が出たときに「その予測が予算に対しどれほど違ったか」「なぜ違ったか」について分析することにしています。このような作業を繰り返していると次第に環境を読む力が備わってきますし、予測能力がついてきます。そして、この予測を外さないためには、先ほど説明しました「事実は何か」を明確につかんでおかなければなりません。

つまり、業界がどうなっているか、取引先はどんな問題を抱えているか、この状況で打つ手は何かということを常に考えていなくてはならないのです。

第3章

鍛えるべきは社内営業力

1 会社の司令塔を目指せ

世の中で求められているものをつかんだら、それを社内で作るように働きかけるのも営業の仕事といえるでしょう。この章ではそんな社内営業力について述べます。

会社で開発したり、生産した商品を世に送り出す部署が営業です。

顧客や市場から求められているものは何かということを開発部門に伝え、どの程度の品質とコストであれば取引先に認めてもらえるのかを生産部門に伝えます。

また、送り出した商品が世の中でどんな評価を受けているのかを会社の中のあらゆるセクションに知らしめるのも営業の仕事です。

したがって、営業部門というのは、いわば会社の司令塔（ヘッドクオーター）なのです。その商品に関する事業損益の責任は営業部門が負っていると考えたほうがいいでしょう。

そう考えたとき営業の機能を十全に発揮させるには、営業マンが自社や自分の扱う商品について、できるだけ多くの情報に通じている必要があります。その重要な一つが自分の販売する商品の原価です。

この商品がいくらで作られているのかを知っているからこそ、いくらで売ればいいか、いくらまで値下げしても大丈夫かといった判断もできます。やみくもに相手の出方を見て価格交渉するのでなく計算に基づいた交渉ができるのです。

今はそんなことはないと思いますが、かつては営業マンに原価を教えない会社がありました。商品の原価を教えると営業マンがとんでもない安売りをすると疑っていたのです。

当然のことですが、現実は逆です。原価を知らないと、営業マンは場合によっては顧客の要望にそおうとするあまり、原価割れする値段で応じることもあります。

原価を知ることで「会社を代表して利益を稼ぐ者」という自覚が高まり、常に原価や利益を意識した営業を行うようになるのです。相手からどんなに要求されても「これ以上は値下げできない」という一線がわかっていれば「無理なものは無理」ときっぱり断ることもできます。

別の項でも述べたように営業の仕事はただものを販売するのでなく、事業を営むことです。営業はものを売ることを通じて会社に利益をもたらし、それを経営者がさらなる利益を得るために再投資を行うのです。

こうして会社は回っているわけですから、営業マンは原価も研究も、あらゆることをコントロールできなければならないのです。

商品を開発するのは開発部門ですが、そのアイデアや方向性は顧客に接し毎日市場を見ている営業部門が提案しなくてはなりません。

商品の品質やコストをコントロールするのが生産部門ですが、競合製品や競合他社の動向をチェックし生産サイドに伝えるのも営業の仕事です。

営業はその商品に関するありとあらゆる情報を握り、方向を決めなくてはなりません。

とくに原材料を製造する生産財メーカーの営業部門はこのことが明快です。生産財メーカーの営業マンは、特定少数のプロである顧客から具体的にその製品のスペックと競争力のある価格を要求されるのですから、それを会社に持ち帰って開発部門や生産部門にフィードバックする役割を宿命的に持っています。

そのために必要な社内営業力についてはあとで詳しく述べることにします。

そういう意味では営業担当は優れたプロの人間が遂行する仕事であり、営業担当のレベルがその会社のレベルを決めるともいえるでしょう。

2 力の半分は社内に向けよ

営業マンが売りたい商品を顧客が買ってくれれば問題ありません。しかし現実にはあれこれ注文をつけられたり要求されることが多いものです。

「もっと値段を下げてほしい」

「もっと数がほしい」

「この部分のスペックはこのように変更できないか」

といった具合です。

実際によく考えるとお客の言い分に理があり、

「たしかに値段を下げざるをえない」

「スペックを変えたほうがいい」

などと思うこともあります。そんなとき、それを実現するには営業マンが社内の関係者を動かす必要があります。

　値段を下げるなら上司を説得する必要がありますし、スペックを変えるなら上司の説得だけでなく工場の人たちにも「もう一工程増やしてほしい」などと頼まなければなりません。場合によっては設備投資が求められることもあり、そうなるとさらに上の人間を動かさなければならなくなります。

　こうした問題をクリアするために求められるのが、いわば「社内における営業力」です。

「営業力」というと、一般には商品を売る力を指します。優れた営業マンとは顧客や市場が何を求めているかをいち早く察し、それを会社に伝え商品開発させる人だと別の項で述べました。営業マンは社会と会社をつなぐ接点であり、架け橋ともいえます。

ところが現実に営業マンがやっている仕事の多くは、顧客への働きかけばかりです。とくに売れている商品ほど架け橋とはほど遠く、自社商品を顧客に売る、そのために顧客を説得するといったことばかりしています。

値引きぐらいなら顧客の要求に応じることができるかもしれませんが、スペックに対する要望に応えることはまれです。

「このスペックをこうしてほしい」

「ここはこうしたほうが、もっと使いやすくなる」

などと言われても、

「いえいえこのままでも、こうすれば使いやすくなります」

「そこは何とかうまくやってください」

などと口先で丸め込もうとする。いかにうまく説得するかが営業マンの腕の見せ所といった雰囲気すらあります。

顧客も市場も常に変化しつづけます。ですから営業マンの本当の仕事は、顧客の意向のうち適切なものを反映させるため社内に対して働きかけることです。顧客の要望に応えてスペックを変えてもらう。そのための〝営業努力〟こそが営業マンの大事な仕事なのです。ある意味で力の半分を社内に対する営業に向けられる人こそ、真に優れた営業マンともいえます。

前で述べたように、優れた営業マンとは、最高の商品を適正な値段で売れる人でもあります。ただし「適正」とは主観的なもので、どの値段を「適正」と感じるかは顧客によってさまざまです。その商品が要らないという人にはたとえ一円でも「高い」となります。逆にどうしてもほしい人にとっては、いくら出しても高くありません。「一〇万円出してもほしい」と思っていたものが五万円で買えるとなれば「すごく安い」となります。

本とＤＶＤを比べたとき、本は一五〇〇円も出せばたいてい買えますが、ＤＶＤは新作だと四〇〇〇円ぐらいします（最近ではもっと安いものもあるようですが）。しかし、生産コストを考えればおそらく本のほうが高いでしょう。本のように紙に印刷して製本する手間を考えれば、ＤＶＤはプラスチックにデータを焼き付けるだけです。かりに本のコストを二〇〇円とすれば、ＤＶＤは五〇円ぐらいのはずです。

それでも、多くの人はＤＶＤが高すぎるとは思いません。そんなものかと思って買っています。ですから、その四〇〇〇円のＤＶＤを三七〇〇円で売れば「お買い得」となります。そのように感じさせることができれば、営業マンとして成功なのです。

つまり価値があると思えるものを早く見つけ競争力のある値段で出せば、顧客は喜んで買うのです。そしてこれには少し前からいろいろ準備が必要です。

「もうすぐ世の中はこうなります」

「この商品は今に必ず需要が殺到します」

と伝え、上司や会社の目をそちらの方向に向けさせる。将来の需要を見越して他社より早く作るように持っていく。

そうした働きかけをするのが営業マンの重要な仕事の一つです。

そのためには、まず世の中が何を望んでいるか知ることです。そして「今後絶対にこういう商品が求められる」と確信が持てれば、次は自分の会社がそこにどのようにかかわっていくかを考える。例えば「こういう車が流行る」とわかったとしても、東レが自動車を作るわけにはいきません。次に流行る車をターゲットに東レとしてかかわれる分野を考える必要があります。

それを前提に商品開発を考えたり、作る商品の比重を変えることを考えるのです。

二つの似たような商品があったとして、一方は品ぞろえが充実しているが今後流行る車には対応できない。もう一方は対応できるが品ぞろえがあまり充実していない。ならばそちらの商品を充実させるよう、ラインを変えていくように仕向けるのです。

ただし現実には、一営業マンがちょっと提案したぐらいで社内はなかなか動きません。上司にせよ製造現場にせよ、海のものとも山のものともわからないものに聞く耳を持とうとしません。今、うまくいっているなら、わざわざ変えなくていいじゃないかとなりがちです。だからこそ社内への営業力が大事になるのです。

ここで肝心なのが働きかける相手です。

「この手の話は研究職の彼が好きだから、まず彼に働きかけよう」

「あの先輩なら俺の言うことをわかってくれるはずだから、機会を見つけて話してみよう」

などと社内で賛同してくれそうな人を探して口説く。それもできるだけ周囲に影響力を持ったライトパーソンを選ぶことです。

もちろん真っ先に口説き落とすべきは上司ですが、上司がすぐに納得してくれるとは限りません。そんなとき一人で説得するだけでは上司はなかなか動いてくれません。周囲から固めていくことが大事で、そのために社内のライトパーソンを見つけ、そこから話を盛り上げていくようにするのです。

たしかに、他社と同じような商品でも、「どうせなら君から買おう」と言ってもらえるだけの営業力を持つことも大事です。ただそれは個人としての営業力であり、営業マンなら誰しも磨くべき最低限の力です。組織としての業績を上げたいなら、それほど努力しなくても売れる商品を出すことです。そのために正しい情報を収集して今後の需要を見定め、それを会社に作るよう働きかける営業力が求められるのです。

3 手に余る案件はさっさと手放す

その営業が成功するかどうかは、準備にかかっています。営業における準備というと事前のリサーチを考える人が多いでしょう。はじめての訪問であれば、あらかじめ相手の会社のデータや担当者のキャリアを調べておく、懇意の相手を訪ねるなら、相手が喜ぶような情報を持っていく、頼まれていたデータがあるなら、きちんと情報を揃えて持っていく、といった具合です。

もちろんこれだけでも大変なことで、完全にできる人はなかなかいません。

ただ営業における準備でもう一つ忘れてはならないのが、社内におけるバックアップ体制の構築です。

例えば自分が商品を買う側に回ったと、想像してください。誰しも常にベストの条件で商品を買いたいと思うはずです。そのためには誰と話をするのが大事か考えるでしょう。

調達にあたって最初は、たいていその商品の営業担当者と話します。しかし交渉相手として、その営業担当者では力不足ということもあります。とくにこちらの出す額が大きい場合や、営業担当者にとって面倒だと思われる注文をつけた場合など、さらに上の担当者でなければ判断できないことがあります。

そうなるといい条件を引き出すためには直接の営業担当者ではなく、その上の課長と話したほうがいいということになります。あなたが商品を買う側なら、できるだけ担当者を飛ばして課長と会いたいと考えるでしょう。

逆にあなたが営業をする際、顧客も同じことを考えています。営業マンを見て「この人と話してベストの条件で買えるだろうか」と考えます。

実際のところ営業担当者がベストの条件を提示できるケースは、どの会社でもそうありません。実をいうと課長ですらないことも多いのです。決定権を持つのが意外な人物ということはけっこうあります。

ある営業マンの方からこんな話を聞きました。その方が、東レの花形商品である炭素繊維の担当だったときにトヨタを訪問したところ、まだ若手だったにもかかわらず常務が応対し下にも置かぬ扱いをしてくれたそうです。同じ営業でも花形ではない樹脂の担当者が行くと、部長はおろか課長にすら会えないのとは大きな違いです。

立派な応接室に通されずいぶんいい気分を味わったらしいのですが、だからといって即交渉成立となったかというと、そうではありません。重役クラスに説明したあと、技術系の人たちに説明に行かされたそうです。

実は炭素繊維の場合、実際に買うか買わないかを決めるのは技術系の人たちなのです。彼らにとって大事なのはスペックです。トヨタの車を作るにあたり、どのようにスペック合わせをするかを相談して、技術系の人たちが納得してはじめて買ってもらうことができるのです。

結局のところ大事なのは、今回の商談では誰と誰が会って話を進めるのがベストかを見極めることです。深い専門性を必要とする商品では、営業マンが技術系の人たちと話したところで限界があります。営業マンの仕事は自社と他社の間に立つことですが、間に立つことで逆に話がスムーズに進まなくなることもあります。

本来なら相手の要求に応えられる技術を持っているのに、営業マンがそれを知らなかったため商談が流れることもあるでしょう。技術系同士で相談すればすぐに決着がつく話なのに、営業マンが間に入ることで何度もやりとりを重ねなければならないこともあります。お互い大変な時間と労力の無駄です。

それならば、

「この案件は自分の範疇《はんちゅう》を超える」

「自分が間に入らないほうがいい」

と思えば、さっさと席を譲ったほうが得策です。

「あなたがそこまでおっしゃるなら私ではもう埒《らち》があきません。部長に会ってくださ い」

「私の理解を超えますので技術部隊の○○と直接話してください」

と言えばいいのです。

そう言われた顧客が、それでこちらを軽んじるかというと、そうはなりません。自分一人で抱え込まず会社全体を考えている人間として、むしろこちらの器量の大きさを感じてくれます。そして「この営業マンとつき合うことは会社全体とつき合うことになるのだな」と理解してくれるはずです。

いうまでもなく相手が取引したいのは目の前の営業マンではなく、営業マンの背後にある会社です。営業マンが自分の範疇を超えた案件まで一人で抱え込んでは、顧客はいつまで経っても会社と取引できず、やきもきすることになります。

目の前の営業マンとつき合うことは背後にいる上司や経営者、技術部隊などとつき合うことになる。そう思えるからこそ目の前の営業マンとつき合うことに意義を感じ、話をしようということにもなるのです。

営業マンはいわば会社にとっての〝大使〟でなければなりません。国を代表して外交を行うのが大使の役割ですが、案件によっては外務省の範疇を超える問題もあります。このとき大使が省益だけを考え、何でも外務省で決めようとすれば国は大変な不利益を被りかねません。

農林水産省を交えたほうがいい話もあれば、防衛省を交えたほうがいい話もあるでしょう。そんなときは省益や面子にこだわらずほかの省庁も交えて話すことです。相手の大使も真につき合いたいのは大使や外務省ではなく日本という国です。同じことが会社にもいえるのです。

そのために必要なのが、事前の準備です。まず自分の会社の技術部隊の実力や生産能力についても知っておく必要があります。上司が会社の中でどれぐらいの力を持っているか知っておくことも重要です。

また財務状況を知っていれば金銭面での交渉もスムーズに進みます。顧客は買いたい商品がたくさんあるけれど、当座の運転資金がないためあまり買えない。そんなとき自社に金銭的余裕があるとわかっていれば、長期の延べ払いにできるかもしれない。そんな相談を財務の人間としてもらうことも可能になります。

そうしたことを知っていてはじめて「ここから先は我が社の○○を紹介しますので○○と話し合ってください」といったことも言えるのです。何も知らなければ任せるべき案件かどうか判断できず、一人で抱え込み自爆することになります。

総合力のある会社の営業マンはある意味どんな商品でも売ることができます。ただしそのためには会社の総合力を知っている必要があり、それが営業活動において大きな力になるのです。

どんなに優秀な営業マンも、会社や商品に力があるから売上を出すことができるのです。とくにネームバリューのある会社ほどそうです。営業マンの力だけで売っていると過信しないことが大事です。

4 接待すべきは技術部門

先ほど、社内にバックアップ体制を構築することが大切と解説しました。また、営業の仕事は、すでに完成した商品を売るだけとは限りません。とくに会社相手だとスペックの変更を求められることも少なくありません。そこで、顧客の要望に応えるには自社の技術力がどの程度のものかを知っておくことも大事ですが、同時に技術部門と親しい関係を築いておく必要もあります。

営業部門の人と技術部門の人は通常あまり交流がないものです。しかし、同じ頼まれるなら、見知らぬ人からよりも知っている人や親近感を持っている人から頼まれたほうがやる気が出るものです。無理な注文でも「この人のためなら仕方ない。聞いてやるか」という気にもなります。

「仕事なのだからどんな人から頼まれようと同じ情熱で取り組むべき」というのは理想論で、そこは人間ですから好き嫌いが入ってくるのは仕方のないことです。

私が繊維の企画の仕事をしていたとき優れ者の営業マンがいました。この方はポリエステル織物の営業をしていたのですが、毎月のように研究部門を訪れ、さまざまな注文をつけ、新製品を開発し、販売につなげた実績を持っていたのです。

あるとき婦人用の薄い織物で絹の風合いを持つ素材を市場に出したいと何度も研究所に出かけては議論し、依頼していました。そして、ついに「新合繊」というほとんどシルク同様の新製品を上市したのです。この新製品は国内外とも飛ぶように売れ、膨大な利益を東レにもたらしました。海外でも「シンゴウセン（SINGOSEN）」という名称がついたくらいです。

東レでは現在、商品を売るにあたってなるべく商社を通さず直接販売を行うようにしていますが、これも技術部門の力を大いに活用するためです。かつては商社を通していましたが、商社の人たちは技術の難しい話はわかりません。これだと扱う商品がハイテクになるほど面倒で、まず商社に説明し、それをもとに商社がメーカーに説明することになり、情報を正確に早く伝えることが難しくなります。

典型が炭素繊維で、東レの炭素繊維は飛行機にも使われています。飛行機には第一次構造材と第二次構造材があり、第一次構造材はこれが壊れたら飛行機が落ちるというもの、第二次構造材は壊れてもとりあえず落ちないというものです。主翼、主胴と垂直尾翼などは第一次構造材、ブレーキやスポイラーなど舵関係は第二次構造材となります。舵関係は壊れると操縦しにくくなりますが、とりあえずエンジンを絞るなどすれば着陸できます。

東レではまず第二次構造材から参入し、現在は第一次構造材にも使われるようになっています。このとき間に商社が入ったのでは、やはり話が通じにくくなります。東レの技術部門の人間がボーイングやエアバスなどの技術部門の人間と直接話したほうが、よほど正確に早く話が通じるので、直接販売に切り替えました。それぐらい技術部門は営業に大きな影響力を持つのです。

そんな技術部門を味方につけておけば、これほど心強いことはありません。優れた営業マンの中には技術部門を味方につけるため、ふだんから気配りしている人もたくさんいます。交際費は技術部門の人と飲むときにだけ使うという人もいるほどです。

交際費というと取引先を接待するときに使うイメージが強いですが、前でも述べたように接待で得られる取引などたかが知れています。大事なのは商品自体で、商品さえよければ接待などしなくても勝手に売れます。技術部門の人によい商品を作ってもらうことが大事で、そのために接待費を使うのです。

例えば技術部門の人との打ち合わせは、時に社内でなく飲食店で行う。そこで気持ちょく食べたり飲んだりしてもらえば、打ち合わせもそれだけスムーズに進みやすくなります。

あるいは無理な頼みを聞いてもらったとき、お礼の意味で誘う。ふだん日の当たらない場所で働いている人を労いの意味で誘う。

「この間は無理を言って申し訳なかった。ほんの気持ちだが今日は一緒に飲もう」

「あのときは危ないところだった。もう少しで出入り禁止になるところだったけれど、君が無理して日曜出勤してくれたおかげで助かった」

などと言えば、技術部門の人も悪い気がするはずありません。また何かあったときも頼みを聞いてやろうという気にもなります。

ある化学品メーカーの人に聞いた話ですが、商品開発会議のあった夜の社員同士の懇親会の費用はすべて会社が負担するといいます。

会議では話せなかったこと、疑問に思ったことをお酒を飲みながら話し合うのです。

まさに生きた交際費、会議費の使い道といえるのではないでしょうか。

5 生産部門との共通言語は「利益」

生産部門と営業部門の仲が悪いというケースは珍しくありません。

生産部門が作った製品を営業部門が売るのですから、どちらも会社にとって不可欠な存在です。

にもかかわらず生産部門は生産部門で「営業の人間はいつも勝手なことばかり言う。お客の言い分を伝えるだけなら子供にもできる」などと文句を言い、営業部門は営業部門で「生産は会社のことが何もわかっていない。商品を買ってくれるお客様がいるから会社が成り立つんじゃないか」と憤り、生産部門の人間を「頭の固い奴ら」とバカにしたりします。

このような関係に陥りがちな理由の一つは、営業は売上を、生産はコストを自分たちの仕事のミッションと考え、ひたすらそれを追求するからでしょう。いってみれば、両者の使う言語がかけ離れていることがあります。自分にとって興味のない言葉や説明には耳を貸さない。一見話し合いがもたれているようで、実は相手の言い分をあまり聞いていない。その結果コミュニケーションに齟齬《そご》が生じるのです。

例えば生産部門は、生産性を高めることが大事で、同じ作るにしても歩留りをよくしようとします。そのような環境を整えたうえで生産したいし納品したいと考えます。

一方で営業部門が最も気にするのは売上高や市場価格、それと顧客の言い分です。だから自分が扱う商品の競合他社の売上高や価格はよく研究して、詳しくても、その商品のコストの内容がどうで、どのような生産過程を経ているかといったことには興味を持ちません。

この商品を品種切り替えした場合、どのような配置変更をしなければならず、それに伴ってどれぐらい追加のコストや時間がかかるか、ほかの生産にどのような影響が出るかといったことには無頓着です。

そのため、営業部門が市場の動向や競合他社の動き、あるいは顧客の要望を受けて「来月からこの商品を品種切り替えしてほしい」と言ったとき、生産部門は「そんなことをすればコストが折り合わない」と営業部門の要望をはねつけるといったことにもなるのです。これを聞いて営業部門は「生産部門は顧客や市場がわかっていない」と憤ることになります。

そんな両者の関係を円滑にするにはどうすればいいかというと、生産部門と営業部門の双方に通じる「利益」という共通言語を用いてコミュニケーションを図るのです。

生産部門がコストを気にするのも営業部門が売上高や市場価格を気にするのも結局

は利益を出すためだからです。

ある経営者の方は、こんな指導をして、コミュニケーションの円滑化を図っていました。

その方は、生産部門に対し、コストや生産性を考えることも大事だけれど、それがいくらで売れて、それによりどれぐらい利益が出るかまで見越して考えるようにと指導したそうです。そして同時に、すべての現象をお金で考える習慣をつけさせました。機械トラブルで作業が三時間ストップしたとき、それによりいくらの損害が生じるかを瞬時に計算できるようにするといった具合です。

生産部門の人にも機械トラブルで作業が中断した場合、「本来得られる利益をいくら損失したか」という発想を持たせるようにしたのです。

もともと計算が得意な人たちが多いですから、そのような機会損失の考え方を教えれば、すぐに「○時間の中断で△円の損失」などと出せるようになります。やがて機械トラブルが起きると「すみません。二時間止まりますから○円のダメージを会社におかけすることになりました」などと自分たちから言うようになったそうです。

ふだんからこのような意識を持つことは、営業部門の人間の話す言葉を理解するうえで大いに役立ちます。

一方で営業部門は、生産部門での作業過程を考慮することで、得られる利益が大きく違ってくることを知っておく必要があります。注文をとるためだからと顧客の言いなりになってばかりいると、こちらはもちろん顧客も損をすることにもなりかねません。

顧客の言う数字よりもう少し発注数を増やしてもらったほうが、ロットが早くまとまり納期を早められる場合もあります。あるいは納期を数日遅くしてもらえばほかの商品とまとめて生産できコストダウンが図れる場合もあります。生産条件を少し変えることで他社と同じ原料が使え、やはりコストダウンになり納期を早めたりできる場合もあります。

そのあたりの生産工程が常に頭に入っていて、生産部門とこまめに連携をとる習慣をつけていれば、顧客にとっても営業マンにとっても得になるケースは多いものです。つまり「利益」を共通言語にすることで、往々にして反発しがちな生産部門と営業部門も折り合いをつけやすく、話し合いや行動がスムーズに進められるのです。

そして営業で大事なのは、勝つためにはメンバーの一人が突出するのではなくメンバー全員が均質化された集団を作ることです。そして均質化した集団をいかにレベルアップしていくかです。

話はそれますが、共通言語で語ることが重要なのは一つのチームにもいえます。自分のもとに集まったメンバーが常にチーフなりマネージャーの言葉を理解する優秀な人たちばかりとは限りません。チームのチーフやマネージャーはメンバーを一人ひとり観察してどのレベルに合わせるか考えることが大事です。そのうえで徐々にレベルアップを図っていくことを考えていくのです。

とくに気をつけたいのが、出す指示がメンバーのレベルや個性に合っているかどうかです。よく「仕事ができる、できない」といった言い方をしますが、「できる、できない」とは別に、その仕事が「合う、合わない」という問題があります。

その人にとって不適切な仕事を与えれば、その人は本来持っている力を発揮することができません。そこはよく観察してその人に合った仕事を与えることです。これも「やればできる」「努力が足りない」といった根性論ではなく、「いかに利益を上げるか」という観点で見ていけば、不適切な仕事を与えて時間や労力を失う愚は避けられるはずです。

また指示を与えるに際して、たんに自分で考えろとか努力しろと言って暗闇の中でないものを探させるようなこともしてはいけません。暗闇の中、あるかないかもわからないものを探させれば、メンバーのやる気を引き出すことは難しいですし、挙げ句に「何もなかった」ではたんなる徒労で終わってしまいます。

まずは指示を与える側が実際にやってみせることが必要です。まさに山本五十六ではありませんが「やってみせ言って聞かせてさせてみて誉めてやらねば人は動かじ」です。ただ上から「やれ」と言うだけでは、人はついてきません。最初のうちは上の人間に言われたからと、それなりにやるかもしれませんが、しばらくすると疲れ果て、「もう無理です」とギブアップされてしまうことにもなりかねません。

6 業務処理の仕方はケースバイケース

顧客からの要望やクレームなどについては多くの時間をとられるために専門部署を設置したほうが効率的だという考え方があります。逆にそういうものは自分自身で対応すべきという意見もあります。

このようなことはその商品の持つ性格によって変わってくると思います。

東レのように生産財を販売している会社（顧客が購入した材料で製品を作っている）場合は相手が少数のプロで、プロがプロの言葉で要望やクレームを言ってくるわけですから、そういったことを営業以外の部署が受けるということは考えられません。

問題は相手が不特定多数の消費者である消費財の場合です。

それもその商品によって対応が変わります。滅多に要望やクレームなどがないような商品は無理に専門部署を作ることもないでしょうし、ユーザーがトンチンカンなことも含め、いろいろな種類の要望を言ってくるような商品は組織を分けて効率化するほうがよいと考えます。

これは取引先回りにもいえます。生産財を扱っている会社の場合、顧客はメーカーをはじめ、限られた企業なのでその数は知れています。取引先すべてを回るのもそれほど難しくありません。

一方、消費財を扱っている会社の場合、顧客となる販売店の数は大変な数になります。たとえ直接の取引先が問屋であっても、売れ行きや消費者のニーズを知るために販売店回りは欠かせません。

とはいえ、現実に一人の営業マンが回れる数には限界があります。全国に何万とある販売店をすべてフォローしようと思えば大変な数の営業マンを抱える必要が出てきます。これをすべて自社の社員で賄おうとすれば、会社の負担は非常に大きくなります。

消費財の営業をしている方に聞いたのですが、最近では営業マンの仕事を代わりに行ってくれる専門の会社が増えているそうです。その会社の営業マンに代わってフィールドマンやフィールドレディが販売店を回り商品やお客様の情報を収集・提供するのです。こうした会社を使えば非常にローコストで営業業務を行うことができます。

しかし、彼らに任せきりで自分たちは販売店に行かないというのでは適切な営業はできません。数字ばかりで実際の現場を知らないのでは、フィールドマンやフィールドレディから上がってきた情報を取捨選択したり、情報をもとに正しい戦略を立てることもできないからです。

また何か新しい営業戦略を立てて顧客にプレゼンテーションするときも、出所が人から聞いた情報だけでは説得力を持ちません。

一人ですべての現場を回ることが難しいのは販売店のバイヤーも同じだそうです。販売店のバイヤーや部長クラスだと、担当する商品も店舗も多く、チェーン店五〇店舗なり一〇〇店舗なりを全部見ることが難しくなります。

そこでメーカーの営業マンが活躍できるわけです。忙しいバイヤーに代わって現場を回り、現場の情報を提供するのです。

その店に置いてある商品を定点観測し、その結果をバイヤーに報告する。それをもとに商品の陳列方法を提案したり、より有利な棚の獲得を図ったりもします。

とくに若い営業マンの場合、そうやってバイヤーの代行業務をすることで、バイヤーとの信頼関係を作っていくそうです。

こうしたことを考えても、営業マン自らが現場を歩くことが必要です。

第4章

〝人柄のよさ〟だけでは戦えない

1 相手目線の「顧客対応力」を磨け

たんにものを売るだけ、人がいいだけの営業マンでは、顧客からの信頼は得られません。尊敬される人というのは常に相手の立場で物事を考えられる人だと思います。

私は別の本で「部下力を養え」といったことがあります。

部下が上司と上手に仕事をすること、上司を上手に使う力のことです。それにはどういう行動をとればいいかということですが、そのキーワードは、

「上司の注文を聴く」

「上司の強みを生かす」

「上司に応じたコミュニケーションの仕方をする」

「上司を驚かせてはならない」

といったことです。この中で一番大事なことは上司の注文を聴くことですが、例えば自分の仕事の業務計画を作ったら必ず上司の確認をとるというか意見を聴く、上司が自分に不満を持っているようなら具体的に何が不満なのかを聴く、そのことによって上司の考えをつかみ、それを自分の仕事に反映させていくということです。人は得てして苦手な上司を避けるようにし、コミュニケーションをとらないものですが、それではいつまでたっても関係を改善できません。

こうした「部下力」は顧客についてもいえることです。いわば「顧客対応力」で顧客のニーズや潜在力を上手に引き出す力です。

顧客についても「その注文を聴くこと」つまり「顧客のことは顧客に聴け」ということです。顧客が考えていること感じていることを引き出すわけですが、顧客によっては明確にニーズを伝えてくれる人もいますがそうでない人もいます。ですから相手の言うことをただ漫然と聴くだけではなかなか進展しません。それ相応の準備と勉強が必要です。私が営業のとき取引先に出かける際は、まずその会社の業績や、業界の動向、競合他社の状況などを周到に調べること（第2章の6「リスク回避にも数字の見方が必要」で書いたように自分の顧客と業界の情報は常時チェックしておきます）はもちろん、前回会ったとき聞いた話のメモを読み返し、そのことに関連した情報を社内のキーマンにたしかめたりしました。

少し話はそれますが、私は毎日のように社外の人に会いますが、はじめて会うときは、その人に関するデータをできるだけ多く収集することにしています。

ネットで検索して、出身や経歴、趣味、家族、所属団体などを調べるとともに、場合によっては、その人のことを知っている人に電話で聞くこともあります。

集めることができた情報の量や質にもよりますが、これくらい調べておくと、その人のおおよその輪郭をとらえることができます。ある意味では、一度会ったかのような気にすらなるものです。

このような準備をしておけば、相手との距離を一気に縮めることができますし、相手の理解も進みます。

以前、こんな経験をしました。（株）ソフトブレーン元社長の宋文洲さんにお目にかかったのですが、その前に例によって宋さんについていろいろ調べさせていただきました。彼のプロフィールにも興味を持ちましたが、ネットに載っている彼のコラム集がおもしろく「なんと日本社会を独創的にとらえる人なんだろう」とひどく感心してそのコラム集を二度も読んでしまったほどです。そうすると彼とはもう数度会ったかのような親しさを感じたものでした。そこで、私もお会いする前に私のコラムを送りました。

そして、初対面の当日。彼も私のコラムを前もって読んでいてくれて、「佐々木さんは自分と同じようなものの見方をする人だ」という話からコミュニケーションがはじまりました。もちろん、会話は弾みます。しかも、なんと彼の息子さんも私の長男と同じ自閉症だったのです。まだ小学生ということでした。私の息子はすでに三十六歳ですから、〝大先輩〟としていろいろなことを説明して差し上げました。

このように、事前にその人に関する情報に接しておけば、初対面でも深いコミュニケーションが可能となります。


話を戻しましょう。もちろん相手の話を丁寧に聴くことは大事なことですが、もっと大切なことは当の相手も気づいていない、潜在的に持っている考えを引き出すことであり、そのためには相手以上の知識を持っていないと難しいことになります。

つまり日頃からそれなりの時間をかけて勉強していなければならないということです。


また「上司の強みを生かす」ことも「顧客対応力」として応用できます。

上司というのは部下を持つという立場になっているのですから、実績を上げた人であることは間違いありません。実力はあるのです。その強みをとことん学び、その力を利用することです。取引先の人脈を深くつかんでいる上司であれば、その人たちの特徴や対応策を教えてもらって、営業戦略に役立てるのです。上司が情報通であれば、どのように貴重な情報を得ているのか、徹底的に研究する。できる上司ほど、自分を成長させてくれる存在はありません。

顧客についても同じです、顧客の中でその専門分野では人並み以上の知識やセンスを持っている人がいるでしょう。そういった実力ある顧客から最新の業界情報を教えてもらったり、新たな顧客を紹介してもらうことができれば、自分にとって大いにプラスになるでしょう。

もう一つ重要なのは、「上司に応じたコミュニケーションの仕方をする」ということの顧客への応用です。その顧客の性格やくせに応じたコミュニケーションの仕方をするのです。日々、情報がほしい顧客もいれば、一定期間ごとにまとめて情報をあげてほしい顧客もいます。あるいは、口頭で報告されることを好む顧客もいれば、文書で報告してほしい顧客もいます。それぞれの顧客の個性にあわせた対応をすることを心がければ相手から評価されることになります。

最後は、「上司を驚かせてはならない」ということに関する顧客対応力です。何か問題が起きそうな兆候が出たらその段階で報告すること。決して不意打ちを食らわしてはなりません。問題が起きる前であれば、顧客もいろいろと手を打つことができます。

例えば、自分の会社で先週生産したものに規格外の製品が発生したことがわかったら、そしてそれが間違いのない事実だとしたらすぐに顧客に連絡するのです。また、商品の納品スケジュールについて、工場との調整が難航している場合など、事前に状況を報告しておくことで、万が一の場合について対応を考えておいてもらうことができます。

誰しも、悪い情報を顧客に報告することは気が進まないものです。しかし、そうした情報ほど早く報告しなければならないのです。

日々、こうした「顧客対応力」を鍛えることが、顧客からの信頼と信用を得ることにつながるでしょう。

2 愛されるだけの営業マンはいらない

営業の仕事は人と人とがつき合うことですから、誠実な人柄、例えば嘘をつかないとか時間や約束を守るなど、相手の人から信頼されることが必須のことです。人と人とをつなぐ仕事ですから、そういう真摯な態度で臨まなくては営業の仕事はなかなか務まりません。

だからといって人柄がよければ営業がうまくいくとは限らないのは当たり前のことです。会社の中には人がよくて、皆に愛されるのですが「あの人は人柄はいいのだけどね……」というだけの人、愛されるけど信頼や尊敬を受けない人がいるでしょう。

基本的に顧客は企業から製品とサービスを購入するのであって営業マンの人柄を購入するのではありません。

例えばA社、B社、C社が同じような商品を作っていてどの会社の商品を選ぶかというとき、人柄だけで決める場合は少なく、その会社の製品、開発力、デリバリー対応などを見て判断します。


このとき顧客が営業マンに対して思うのは、「この人が本当に私に役立ってくれるのか」ということです。

「この人はただの上司の使いなのか。それとも上司まで動かす力があるのか」といったことを見ていて、上司や会社まで動かす力があると判断すれば「この人は信頼するに足る。相談ごとはこの人にすればいい」となります。そんな営業マンとは今後も長くつき合いを続けたいと思うはずです。

「たしかにいい人だけど、肝心なことはやはり課長と話をしなければならない」と判断されれば、肝心なことは何も話してもらえません。「君が一生懸命なのはわかるけど……」と言われ、結局は仕事がとれないことにもなります。

もちろん顧客の役に立つといってもできないこともあります。他社に一〇〇〇円で売っている商品を五〇〇円で売ってくれと言われても、それは無理です。しかし新製品が出たとき、まだ出せる量が限られている中でそれを案配し、融通できるかどうかは営業マンの力量です。

新製品が出たときA社には出すのに自分のところには出さない。あるいはA社に出す五分の一の数しか出せない。そんなことがあると、顧客からすればこんな営業マンは頼むに足らないとなります。

顧客はつき合う限り、営業マンに期待しています。営業マンが顧客のために、どこまで無理を聞いてくれるか。どこまで裁量の範囲内で厚遇してくれるか。肩書とは別の部分で、社内でどこまでの力を持っているか。そんな調整力を常にチェックし、能力を判断しているのです。

前で述べたように営業というのは会社の司令塔であり、取引先や社内の関連部署に役立つ、ありとあらゆることをしなくてはなりません。

現在起きていることを的確につかみ、その背景を理解し、対応策を提示しなくてはなりません。結果、顧客は何かあったらその営業マンに相談する、そんな信頼関係を作っておかねばなりません。

営業の仕事をしていくうえでは、真摯な人柄ばかりではなく情報収集力、分析力、構想力、提案力などが必要で、そういう意味では営業は全人格的な実力が試される業務といえるのです。

3 無理にも顧客を訪問せねばとの誤解

営業マンは取引先をしばしば訪問し、直接会って話をすべきだという方がいます。書類を渡すだけでも、ＦＡＸやメールを使うより直接会ったほうが深いコミュニケーションができるからだということのようです。

私はそうは思いません。

昔と違って現在の日本の会社は余分な人など抱えておらずどの会社も皆忙しいのです。

顧客も、時間をとるのは最小限にしたいと考えているはずです。人と会うと、いきなり本題に入らず挨拶や天気の話をしたり無駄なことが多くなります。多少の用事なら相手もメールやＦＡＸ、電話のほうがありがたいと考えています。

私は講演やシンポジウムへの出席を依頼されることがあります。その際、主催者からその説明のため事前に一時間程面談させてほしいといわれます。

了解すると、二〜三人で来社され、いろいろお話をされるのですが、中にはその講演の趣旨やテーマ、出席者の階層や数、場所の地図などをペーパーで持参せず、口頭で説明される人がいます。私は聞きながらそれをメモしなくてはならないのですが、それであればメールで送ってもらったほうがメモする必要もなく、記録としても残るので、どれほどありがたいことかと思います。

それに一時間といわれてはじめてみても、挨拶や雑談をするため実際は一時間を超えてしまうことがほとんどです。そのため私はいつも面談は四十分間でお願いしています。四十分と伝えると挨拶や雑談を省いて、その時間で収めるようにしてくれますし、長くても一時間で終わります。

ですが、たんなる講演依頼のために本当に人に会わなくてはならないのかは、よく考えてみなくてはなりません。丁寧なメールや電話ですむかもしれません。

また、私は政府のいくつかの審議会の委員をしていますが、事前に役所のほうから、例えば課長と担当者の二人で私の会社に説明に行きたいといわれることがあります。そのようなとき、ほとんど断ります。かわりに関連の資料をメールで送ってもらい、資料を読んだあとに電話で話を聞くことにしています。来社してもらって、事前説明を受けるとなると、国のために働いている有能な官僚二人の二時間半〜三時間、二人で五〜六時間もの貴重な時間を浪費させることになるからです。

このようなことは相手をよく観察し、どのようなコミュニケーションの仕方を望んでいるかキャッチして、判断しなければなりません。もし顧客が忙しいようなら営業マンのほうから「このようなことはメールですみますし、そのほうが記録に残って何かと便利ですからメールのやりとりにしませんか」と提案することです。

一方で、話好きで一度捕まると、なかなか話を切り上げることができないという顧客の場合もあるでしょう。

たしかに、顧客と会って話したとき、その大半が無駄話ということもあります。相手が時間をもて余しており、こちらをいい暇つぶしの相手と考えている。そんなときは、いつどうやったら話を切り上げられるだろうかとイライラしながら聞くことにもなります。しかしせっかく会ったなら「この無駄話を役立てられないか」という視点を頭に入れておくことも考え方の一つです。

営業マンにとって、自分の仕事に関係ない話は、たいてい無駄話に聞こえます。自分とまったく関係ない商品の話、仕事の愚痴、出張での出来事、家族の自慢……。しかし頭を柔軟にして考えれば、そこに相手からの信頼を得るのに役立つ思わぬ情報が入っているかもしれません。

今の自分には無関係でも、相手がその話題に高い関心を持っている可能性があります。強い問題意識を持っていたり、悩んでいるかもしれません。現状の姿に飽き足らず、不満を持っていることも考えられます。

それに対し、自分は何らかの解決策や提案ができるかもしれない。自分が直接扱っている商品でなくても、自社の別の商品を使えば解決することになるかもしれない。あるいは自社で解決できなくても、ほかの知り合いを紹介すれば何かヒントになるかもしれない。そんなこともあるはずです。

自分や自分の会社に直接利益をもたらすことにはならなくても、知人を紹介することで感謝されれば、それはそれで顧客への貢献の一つとなります。

こちらにはたいした問題に思えないことでも、顧客や顧客の会社にとっては重大事ということもあります。それを解決する一助になれば、信頼感が増しますし、それがステップになり次の仕事につながることもあるでしょう。

一見無駄話と思えるものが、実はとんでもない宝物だったということもあるのです。常にうまくいくとは限りませんが、そうした可能性を頭の中に持っておくことは大切です。

一つつけ加えることがあります。

先ほどメールは便利だといいましたが、メールでのやりとりについては気をつけなければならないことがあります。商品のスペックとか納期などの情報は、一方的に伝える種類のものですからメールですみますし便利です。

しかし、商品のクレームとか改善要望、相談事など微妙なことについては顔を合わせて話したほうがいいでしょう。

メールでのやりとりは相手の表情を見ていない分、やや一方的になったり、誤解を与えたりする可能性があり、少し意思疎通であぶない面があるからです。

メールと直接対話を上手に併用することが大事です。

4 ポケットに新聞の切り抜きを持て

営業マンは自分の担当する取引先について、

「今何に困っているのか」

「どんな営業環境になっているのか」

をいつも知っておかねばなりません。そして取引先を訪問するとき、担当する商品だけでなくその顧客が興味を持ちそうな情報を持っていく必要があります。

そのとき、まず相手の繁忙状況をすばやくつかむことが肝要です。

地位のある人や多忙な人は、人に自分の時間を奪われることを嫌がります。そこで大事なことは、できるだけ簡潔に短時間で業務を終わらせるようにすることと、時間を奪われていないと感ずるほど興味あるテーマを提供することです。どんなに忙しくても自分が知りたいと思う話には乗ってくるはずです。

では相手が知りたい情報とは何か。「ウチでは今度こんな商品を出します」といった自社商品の紹介もいいですが、顧客が貴重な時間を割いてまで知りたいと思っているのは、例えば同業者の情報です。同業者に新しい動きはないか。同業者は今何を考えているのか。顧客にとって一番怖いのは同業者に出し抜かれることです。それに関する情報は喜ばれます。

次に知りたいのはユーザーの情報です。全国シェア一〇〇パーセントの会社などありませんから、顧客は自分の会社についているユーザーが離れて他社にいかないかを常に心配しています。また顧客が中間業者であるなら、その先にいる消費者の情報も知りたいと思っています。消費者の動向がわかれば、今度は自身のお客の動向も察することができます。あるいはそれを顧客自身が自分の情報として、自身のお客に伝えることもできます。

「この人と話せば、いつも何かしら役に立つ情報が得られる」となれば、「どうせ他社も同じような商品ならこの人から買おう」となります。商品の質や値段が同じでも、その営業マンとつき合うことで情報が得られるのであれば情報代分、得することになります。商品とは別のところで付加価値をつけられるのです。

もちろん訪問目的である本題はすぐ片付けてからです。本題をテキパキと片付けると時間も浮いてくるでしょう。たいていの場合、話は短いほうがよいのです。簡にして要を得ること。場合によっては文書にして持っていって説明することも有効です。口頭で説明しても聞いてくれているのかわからないことがありますし、紙に書いて渡せばあとで落ち着いた時間にゆっくり読んでくれ、きちんと伝わります。

文書で渡すということは本題以外でも有効です。相手にあまり時間的余裕がなさそうなとき、「アイデアがありますので、あとで読んでおいてください」と言ってメモを置いて帰るのです。

そのとき相手が忙しくてもあとで読んでくれたらしめたものです。訪問前にメールを打っておけばもっといい場合もあります。

たとえ、よいアイデアでなくとも、相手のことを配慮しながらヒントをくれているということが顧客に伝わることは大きなことです。

東レが合成繊維を売りはじめた勃興期に、広報マンとして大きな足跡を残した人がいます。口下手で、話を聞いても何を言いたいのかわからないところがありましたが、代わりに彼は、会う人に新聞の切り抜きを渡していました。

このとき渡すのは、自分がおもしろいと思った話ではありません。たぶん顧客にとって関心があるだろうなと思う情報です。新聞を読んで、この記事はあの人が興味を持ちそうだと思うと、すぐに切り抜き、ポケットの中に入れておく。そして会ったときに「実はこんな記事を見つけたんです。もうご覧になっていると思いますけど……」などと言って渡す。

知りたかった情報でまだ入手していなかった情報なら顧客は喜びますし、たとえ既知の情報でも、

「この人は私のことを気にかけてくれている」

「またいい情報を持ってきてくれるかもしれない」

と好意的な目で見るようになります。次回会うのを楽しみにもしてくれるでしょう。

逆に、顧客の気持ちを十分考えられない営業マンとはつき合いたくないものです。

以前、妻の浩子がうつ病を患い苦しんでいた頃、彼女が「私の先は長くはないのでお墓を買いたい」と言うのでお墓を販売している会社を訪問したことがあります。その

あと毎日のようにその会社から電話があり、それがあまりにも多くしつこいので「もう電話しないでほしい」と伝えました。それでもまたその会社の営業マンから何度も電話がありぜひお会いしたいと言うのです。

しまいには浩子は「私が死ぬことを願ってお墓を買うことをすすめるのですか？」と言い出す始末でした。あまりのことにお墓を購入する意欲はなくなりましたが、顧客がどんな気持ちでいるかを考えずに一方的な自分の思い入れで商品をすすめても顧客は購入してはくれません。

5 うまく話せたと思ったときこそ失敗

もちろん営業にとって、話す力も重要です。自分の考えていることを相手に正確に伝えるのはやはり言葉です。

しかし世の優れた営業マンはそれほど能弁ではないことが多いものです。

話のうまさや酒席の座持ちのうまさは、重要ではありません。たしかに話上手な人のほうが場は盛り上がりますし、相手も楽しんでいるように見えます。しかし営業マンは話下手や無口でもかまいません。

無口な代わり、相手の話を誠実に聞く。要所要所で相槌を打つ。顧客に気持ちよく話をさせることでこちらに心を開かせ、ふだんは話さない本音を話してくれることもあります。話しているうちに、顧客本人ですら気づいていなかった本心が出てくることもあります。そうした話を引き出すことで、有意義な情報を得られることがあります。

実は顧客も本当に正しい比較をしてその商品を選んでいるかはあまり自信がないことが多いのです。例えばトヨタの車と日産の車は性能的に大きな差はないでしょう。ですから顧客にとって最も頼りになるのは自分にその商品を売ろうとしている人が信頼できるかどうかということです。

自分の要求したことをきちんと理解できているのか、それに基づいた行動をとっているのか、ミスをしたときすぐ謝ったのか、信頼できるかどうかということはある意味全人格的な勝負です。上手に話す力などその武器の一つでしかありません。いや話す力より信頼できるか否かのほうが顧客にとってははるかに大きな問題です。

「二八（ニッパチ）」という言葉がそのことをよく象徴しているでしょう。営業マンの中でいわれる一種の営業テクニックで「二話して八聞く」という意味です。

商談の勝敗を決めるのは顧客にどれだけ話をさせたかであり、顧客の話す割合が全体の八ならその商談は勝ったといえます。事実そういう商談ではたいてい、こちらの望むとおりの取引になるといいます。逆に自分が八話した場合、その商談はあまりうまくいかないことが多いのです。

私自身こんな経験があります。講演会のあと、何人かの方と食事をする機会がありました。その中の一人に三十代後半くらいの、ちょうど私の息子と同じ歳くらいの男性がいました。メンバーの中では、彼が一番若かったのですが、その二時間の食事中は彼の独壇場でした。一時間半は彼が話をしていたと思います。

私は驚くよりも、あきれてしまいました。その場は、講演会の打ち上げですから当然主役は私です。しかし、彼にはそうした気配りはまるでありませんでしたし、年上のほかの人たちにも配慮はありませんでした。

たしかに彼の話し方は上手なのですが、話がいくら上手でも逆効果です。「目上の人間に対する礼儀を知らない失礼な若造」という印象が残るばかりです。

こういう人は結局、顧客からの信頼を得られず営業をやらせてもまずうまくいきません。

「相手を喜ばせるには相手の話をよく聞くこと」ということがわからず自分一人気持ちよく話す人は、何をやってもうまくいかないと思います。

6「どうしてですか？」と聞ける関係を築く

顧客と会話をするときは、全神経を集中して話を聞かなくてはなりません。何しろ「営業とは顧客を幸せにする行動」であり、そのためには顧客の置かれている環境やニーズを正しく知り、顧客が今より得になる対応策を提供しなくてはならないからです。そのために顧客との会話では、その八割を聞くことにして、二割を自分が話すと心がけたらよいでしょう。

顧客にはできるだけ多く話をしてもらうわけですが、そのとき顧客の本音を引き出したり、顧客の考えていることをさらに進化させるための適切な誘い水を提供することが極めて大事なことになります。そのファシリテータ役を二割の自分の持ち時間で実践するのです。

例えば、

「今日はこの飲料水の棚にA社さんの商品がいつもより多く並んでいますがどうしてでしょうか」

「A社さんには昨年から、もっと甘みを抑えたジュースを開発するように依頼していたらやっとその商品ができたからです」

といったやりとりがあったとします。

それは営業マンの会社も昨年から依頼されていて開発部門に投げかけていたのですが、まだ出来上がっていない商品でした。であれば、そのA社の商品の出来具合、市場での評価、顧客の感想などを要領よく短時間で聞き出すことが大事になります。

顧客のほうは、できればその会社にも、それに近い商品を出してほしいはずですから、問題のない範囲で話をしてくれるでしょう。


このように顧客にできるだけ話をしてもらうことで事実をつかむわけですが、相手の話が時々、事実でない場合もあります。仮定に基づいた話であったり思い込みであったりします。もしそうならばその話は聞くだけ無駄ということです。

話のコシを折るということではなく、場面を転換させるか、事実を確かめる方向に話をもっていく必要があります。取引先は大事ですがお客様は神様ではなく、商品を売る立場と、買う立場というのはあくまで対等です。これは当然のことで品質のよいリーズナブルな価格の商品の供給者がいるからこそ顧客も商売ができるのです。お互いに正しい情報のやりとりをすることが双方の繁栄と成長につながります。そのためには日頃から顧客と対等以上に話ができるよう相手の悩みや要望などの情報を収集し、相手の置かれた立場や環境を研究していなくてはなりません。

7 「こうしたい」と自分の都合を主張せよ

よくアポイントをとるとき「お会いしていただけるのであればいつでもかまいません」と話す人がいます。

先ほど少し触れ、あとでも述べますが、私は「お客様は神様ではない、対等だ」と考えています。たしかに顧客は営業マンから商品を購入しています。しかし、顧客は営業マンからよい商品を適正な価格で購入することで売上を立て、利益を得ているわけでしょう。営業マンはその顧客のために品質を改善し、コストを下げるなど努力しています。そういう行動を十分評価し納得し商品を仕入れているわけですから、無条件に顧客に合わせる必要はありません。

それに人にアポイントを申し込むのにいつでもかまいませんというのは親切なようで親切ではありません。むしろ具体的に「来週後半のできたら午後に」というように選択肢を絞ることによってかえって相手が決めやすいということもあるのです。それで相手の都合が悪かったらまた別な候補を提案すればすむことです。

それに、いつも合わせていると顧客に「あの人はいつも自分に従ってくれる人」と思われてしまい、対等な関係を保つことはできません。会う日時以外のこと、例えば納期のことや価格のことまでつい顧客に合わせてしまうことになり、それは大変危険なことです。丁寧な対応をすることは必要ですが、取引先と仕入先である営業マンと顧客の関係は対等であるということを忘れてはいけません。

一つ、余談というか内緒ばなしをいいますと「取引先はある局面で敵である」とさえ思えることがあります。品質を巡っての確執、価格の引き下げでの対立、などの局面では取引先はある意味敵となります。営業マンも敵を打ち負かすほどの勉強と気力（根性）がいるのです。

例えば、あなたの会社がAという商品を出しており、他社がBという同じような商品を出してきたとします。Aの値段が一〇〇円、Bの値段が八〇円だとしたら、取引先はAを仕入れるのをやめてBに替えようとするかもしれません。あるいは今後も取引を続けたいならもっと値下げしろとあなたに言ってくるかもしれません。

こんなとき相手の言いなりになって一〇〇円のものを九五円にしたり、八〇円に対抗してそれ以下にしたりすれば会社の利益が減るか下手をすれば赤字になります。

諸般の事情から値下げせざるをえないと判断したら社内でそれに応じたコストの引き下げのための策を講じなくてはなりません。最大限努力した結果、もはや値引きの余地がないのであれば「それでは仕方ありません」と取引をやめることも時として必要です。現実には、今取引をやめたからといって以後二度とその取引先と縁がなくなるかというと、そうでもありません。再度取引が復活することも少なくありません。

相手にとっても大事なのは利益を上げることです。かりに一〇〇円の商品を八〇円の商品に切り替えたからといって儲かるとは限りません。

それまでAが八〇個売れていて、Bに切り替えたことで一〇〇個売れたなら店の売上はいずれも八〇〇〇円で変わりません。あるいはBが一一〇個売れるようになれば店の売上は八〇〇〇円から八八〇〇円になり八〇〇円増えたことになります。

ところがAが九〇個、Bが一一〇個ならどうでしょう。Aのときが九〇〇〇円、Bのときが八八〇〇円となりAだった頃のほうが、売上が大きかったことになります。

こうした相手との駆け引きでは、相手の主張に負けないための知識を持っておくことも大事ですし、相手が切り替えたあと、どのようになったかをきちんとフォローしておかなくてはなりません。

いずれにしても販売価格だけではなく「売上高と利益で考える」という思考が必要です。

もちろんこのほかに利益率で考える、在庫回転数で考えるなど、ほかの考え方にしても同じです。その意味で営業マンはいろいろな考え方を知っておく必要があり、日々の勉強が求められます。

「この人はずいぶん勉強している」と思われれば、顧客からの信頼を増すことにもなります。

それとまったく違う話ですがとくに生産財メーカーは取引先が同業他社になるかもしれないというリスクを常に持っています。自社が供給していた材料を顧客が自分で生産してしまうということが起こる可能性があるということです。かつて東レから繊維の原料（糸）を購入していた顧客が自分で原料を作りはじめたことがあります。このような例は東レに限らずあちこちで起こることです。

8 価格交渉には根回しと戦略が必要

営業の最前線で日常茶飯事に起こるのが価格問題です。どのような商品でも毎年のように毎月のように価格を巡って顧客とのシビアなやりとりが発生します。

「他社がこんな安値でできたのだからおたくも下げてほしい」
「原料が上がったのだから値段を上げてほしい」
といった攻防が行われます。

商品によっては小麦とか綿花といった相場商品があって、これらは決まった指標が公の場に出されていて抗しようがありませんが、一般の商品は必ずしも公にされていません。顧客との交渉になります。

もちろん需給関係がどうであるかということが価格の変動に大きな影響を与えるのですが、下げるにしても上げるにしてもそれなりの合理的な要因がなければなりません。

例えば「他社が下げてきたのであなたの会社も下げなさい」という場合などは簡単に応じてはいけません。一つの商品の価格が決まるということは双方の事情を十分に考慮し、需給関係と競合関係を視野に入れて決定したものです。それを変化の真実も確認しないで簡単に引き下げることは「価格の信頼性」を失うことにもつながります。

それに他社が本当に安値で攻勢をかけてきたのかよく確かめなくてはなりません。案外そう言ってこちらの値段を下げさせておいて他社に対し、「あの会社が値段を下げてきたので、おたくも下げてください」というストーリーかもしれません。なかなか価格を下げないため顧客が「それなら取引量を減らさせてもらう」と言うくらいまで粘らなくてはなりません。

例えば原油代がアップしたり、需給関係がタイトになるなどして価格を上げる局面では、いろいろ布石が必要です。

原油のアップなどは、相当以前からその兆候が現れるものです。そういう変化が生じたとき顧客にきちんと情報を伝えておかなくてはなりません。原油がバーレル一ドルアップしたら自社の製品がキロ当たり何円アップするかをつかんでおいて、顧客に事前に話しておくべきです。

また顧客は営業マンから値上げの話を受けて社内で上司や関係者を説得することになるわけですから、営業担当者は顧客が社内に対して説明しやすい材料を提供してやる必要があります。

私が漁網用の営業を担当していたとき原油が急騰したことがあります。会社はナイロン糸、ポリエステル糸の値段を上げざるをえなくなり繊維本部長はナイロン糸五〇円／kg・ポリエステル糸二〇円／kgの値上げをするよう指示を出しました。

私は顧客である漁網メーカーに対し、

「今回の原油の値上げは一回だけにとどまりません。第二次、第三次の値上げが必ずきます。新聞にもそう書いてあるでしょう。皆さん方の作る漁網は原糸代が二〇円／kgや三〇円／kgアップしても網元などのユーザーが漁網を高く買ってくれないでしょう。そのとき原糸メーカーが原糸代を一〇〇円／kg値上げしてきたと言ったら、そんなに大幅なら魚網の値段が上がるのも止むを得ないと考えてしまうはずです。だから皆さんが漁網の値段を上げやすいようにナイロン糸は一〇〇円／kg、ポリエステル糸は五〇円／kg上げさせられたと顧客に説明してください」

と申し入れしました。

これには漁網メーカーも納得し、最大手の漁網メーカーからはじめた値上げの交渉は驚くほどすんなり通り、ナイロン糸は七〇円／kg、ポリエステル糸は三〇円／kgの値上げが達成されました。

顧客の立場で考えてみせると難しい値上げ交渉も上手にいくこともあるのです。

9 交渉力とは粘り勝ちする能力

交渉力の話でやや冷静な対応を述べてきましたが、ここでは粘ることが成功につながるという話をします。

セーラ・マリ・カミングスというペンシルバニア出身のアメリカ人女性がいます。彼女は長野冬季オリンピックに憧れて来日し、以来長野県小布施町に滞在し、企業の活性化や町おこしを次々に手がけてきた若い魅力的な女性です。

『セーラが町にやってきた』（清野由美、プレジデント社）という本を読んで、私は自分の会社の機関誌のインタビューの相手に彼女を選び会いに行きました。

彼女の特質は「戦略あっても計算なし」「悩む前にまず行動」という二つに言い尽

くされます。そのひたむきさと行動力はあきれるほどで、大袈裟にいうならば私たちの数倍生き抜く力が強いのではないかと感じるほどでした。

一七代続いた老舗の「枡一市村酒造場」という会社で仕事をはじめたセーラさんは「ここに自分の居場所がある」と感じ、町おこしのシンボルにしようと、従来ヴェニスで開催されていた国際北斎会議（北斎は日本より欧州での評価が高い）を小布施に招致することを思い立ちます。小布施は晩年の北斎が逗留し、数々の名作を残した地で、北斎にちなんで北斎館があります。

ヴェニスに飛び、ニューヨーク大学、ロンドン大学の北斎研究の中心人物の教授を説得し、東京での開催すら難しいといわれた国際北斎会議を信州の片田舎の小布施で開くことに成功させたのです。

また、その行動力はそれだけにとどまりません。長野冬季オリンピックではアン王女と英国選手団のいわば民間特命大使役を担います。そこで選手団へのおみやげとして五輪カラーの蛇の目傘一五〇本を三カ月以内に作ろうと思い立ち、三〇軒の傘メーカーに断られながらも粘り腰で交渉し、ついに京都の内藤商店を口説き落としました。

ほかにも、小布施にふさわしいレストランを作ろうと考えたセーラさんは酒蔵を改造した和風レストランを思いつきます。設計を著名なアメリカ人デザイナーであるジョン・モーフォードに頼むため香港まで追いかけ、頼み込んだすえ、一七代続いた造り酒屋にふさわしい和食レストランを作り上げました。

そのレストラン「蔵部（くらぶ）」は町の店は通常夕方で閉店するという常識を破って夜十時まで営業し、多くのお客を呼び寄せています。

一方、酒造りでも欧米人としてはじめて「利酒師」の資格を取り、一般のお酒とは差別化された新酒「スクウェア・ワン」を開発。

また町の人たちはコミュニケーションの場を求めていると考え、毎月一回ゾロ目の日（例えば四月四日）に「小布施ッションン」を開催し、著名人を講師に呼ぶなど知的で遊び心に満ちたイベントも手がけています。

たしかに、これらのプロジェクトはセーラさん一人で実行したものではありません。どのプロジェクトも周囲の人の力を得てチームで実現したものです。しかし、セーラさんの志の高さと熱いパッションに皆が感動しついてきてくれた結果です。

人口一万二〇〇〇人の町に今は一二〇万人の観光客が訪れるといいます。

「私に何か能力があるとすればそれは粘り強さです。交渉力とは粘り勝ちする能力のこと」とセーラさんは言っています。

リーダーというのは政治家でもなければ会社の社長や組織の長でもないと、私は考えています。

リーダーというのは「周りの人たちに元気を与え、仕事への意欲を高めてくれる存在。結果として部下や周りの人たちを幸せにできる」、そういう人だと考えています。そのために必要なことは人間力であり、胆力、愛情です。

セーラさんの場合、周りの人たちから好かれる人間性を持ち、愛する小布施町のために何か貢献したいという強い意欲、そしてそのために大胆な行動を起こす実行力がありました。

彼女こそ私のいう「周りの人たちに元気を与え、仕事への意欲を高めてくれる存在。結果として部下や周りの人たちを幸せにできる」リーダーなのです。


セーラさんのことを長々と書いてしまいましたが、会社でも、このようなパッションあるリーダーが求められています。「パッション」は「志」と表裏一体の言葉です。

セーラさんに比べると我々日本人は恬淡《てんたん》とした人が多いです。

営業活動においてもちょっとしたことで躊躇《ちゅうちょ》したり、行動に移せないことがありますが、強い志やパッションが顧客や社内の関係者を突き動かすことがあります。

新規顧客に面会を申し入れた場合でも、相手から都合が悪いと言われただけで「そうですか」と簡単にあきらめてしまう人がいます。「十日が駄目なら十二日はどうか、それが駄目なら来月ではどうか」とか聞いたら応じてくれるのかもしれないのに。

顧客の要望を聞いて社内の開発部隊に試作を依頼したら「今月はほかのスケジュールで一杯なので対応できない」と言われて簡単にあきらめる人もいます。

その営業マンに顧客のためにその試作は絶対今月中に必要だという思いがあれば、「どんなスケジュールになっているか教えてください。その試作を依頼しているほかの営業の方に掛け合って譲ってもらいますから」「大変申し訳ありませんが今度の土日に出勤してくれませんか」と粘るはずです。

私の後輩は〝トレビーノ〟という浄水器の販売担当だったとき、人手不足で生産が間に合わないと、自分が工場に行ってまで生産を手伝っていました。これは少し極端な話ですがそうした熱意があれば、工場の人たちも懸命に協力してくれるでしょう。

また私の友人の上海市政府の人は『日本人は上海で店を開きたいと相談に来るが「ちょっとした規制があります。とりあえず許可できません」と言うとすぐあきらめるのでびっくりする。規制などやり方いかんでいくらでも抜け道があるのに』と言っていました。

営業活動では粘り強さはある意味成功への近道でもあるのです。

第5章

顧客を幸せにして、自らを磨ける仕事

1 どこまでも真摯であれ

世の中のために尽くす、人のために最大の支援をする、己よりも他人の幸せを考える、こうしたことが優れた営業マンに共通することではないでしょうか。

つまり営業の仕事というのは世のため人のためにすることです。そう考えると理想的な営業マンになるためには自分を磨くことが必要です。この章では、営業マンとしての成長について話をしたいと思います。

私はかつて部下に「礼儀正しさは最大の攻撃力である」という話を何度もしてきました。そして「礼儀正しさだけでリーダーになれる」とも言ってきました。

私はリーダーというのは「幼稚園の頃に学んだことをきちんとできる人」だと思っています。

どういうことかというと、

「人に会ったら挨拶をしなさい」

「皆と仲良く遊びなさい」

「仲間はずれを作ってはいけません」

「嘘をついてはいけません」

「間違ったことをしたら勇気をもってごめんなさいと言いなさい」

といったようなことです（このことは第1章でも述べましたね）。これができる社会人はなかなかいません。だからこそ、これができる人は人から信頼されます。


営業をしていくうえで最も大事なことは「真摯である」ことです。顧客への訪問時には時間を守る。会ったらきちんと挨拶をする。求められた資料は約束の日までに届ける。ミスをしたらきちんと謝る。そうした真摯な行動をとることが顧客との信頼を築き上げる最短コースです。

それを可能にするのが「正しいコミュニケーション」と「良質なコミュニケーション」です。

まず仕事に関する情報は正しく伝えるコミュニケーションを心がけてください。仕事をはじめるに当たって「その仕事の重要性」「締め切り」「前提となる事実」などを確認することが重要です。

そのために相手の真意をしっかり聞くことが大切です。そして不明な点や疑問点があれば質問をしてください。こうして顧客と情報を正しく共有化するのです。

これを中途半端にすると信頼関係は簡単に崩れてしまいます。日本には「あうんの呼吸」や「以心伝心」を重んじる風潮があるためついついコミュニケーションを省いてしまいます。

また、良質なコミュニケーションというのは、ちょっと抽象的なことですが気持ちの温かさが通うコミュニケーションのことです。同じ事実関係の確認でも相手を思いやる気持ちの入ったコミュニケーションの仕方です。「私のほうとしてはこうしてほしいのですが、お客様のご都合もおありでしょうからご遠慮なく、ご希望をおっしゃってください」、あるいは仕事には関係ないことかもしれませんが「先週風邪で休まれたようですがもう大丈夫なのでしょうか」といった配慮ある、相手の心をなごませるコミュニケーションです。

私たちは営業マンと顧客というビジネスの関係である前に人間です。仕事中は各々の役割を果たさなくてはなりませんが、その役割を脱ぎ捨てて素の人間として向き合ってみることも必要でしょう。お互いに支え合っている関係なのですから。

じっくり耳を傾ける姿勢を示せばきっと共感できるものを見出すことができるはずです。そうしたことはお互いを幸せな気持ちにしてくれ、信頼を強固なものにしてくれるでしょう。

2 お客様は「神様」ではない

よく「お客様は神様だ」ということをいいます。私はそうは思いません。顧客が神様ならその人のいうことをすべてきかなくてはならないし、最近よくいう「提案型営業」もできないでしょう。顧客が間違った認識や情報を持ったり、思い込んでいたりするケースはよくあることです。

もしそうであるなら、それを正してあげて顧客の立場を強くすることが営業マンの使命なのです。

私が営業を担当していたとき、ある得意先の社長が「経営していくうえで大事なものは仕入先と販売先と従業員」という考え方を全社員に徹底していました。ほとんどの会社は販売先を見て仕事をしていて、仕入先のほうにはあまり関心を持たないことが多かったので、大変新鮮な印象を受けたものです。

売上を上げお金をいただく相手は販売先だからどうしてもそうなってしまいます。しかし、その商品を作ったり仕入れる先がなければ売上をたてることはできないのです。ものを作ってもらい、それを仕入れるから商売が成り立つのです。

ですから営業マンが取引先からの要望を受け入れきちんと実行することは重要ですし、それが営業マンの仕事ではありますが、それだけでは不十分です。もちろん要望を実行することは当然として、時間やコストが短縮されるやり方があればそれを提案しなければなりません。

会社は世の中に役立つ商品を供給し、皆に喜ばれ、皆を幸せにするために企業活動を営んでいます。

会社は公器であり、特定の人のためだけのものではありません。最終的には世のため人のために存在しているのです。そうした活動の中で、取引先も仕入先も同じ、重要な働きをしているのです。

3 人は自分を磨くために働く

人は何のために働くのでしょうか。

このことは営業の仕事だけではなくすべての人が働くうえで一度確認しておかなくてはならない大事なことだと思います。

働く理由の第一は簡単です。「給料をもらうため」です。営業の仕事で一カ月働けば、会社から働いた報酬として月給をもらいます。社員はそれによって生活に必要な服や食料品を買い、家賃を払い、家族を支えるのです。つまり、人が生きていくためには働かなくてはならないのです。

そういう意味では、多くの場合、人は自分の好きな仕事をしながらお金を稼ぐということ、すなわち、仕事と生活どちらもＷＩＮ-ＷＩＮとはなかなかならないものです。

私も昔は自分の好きな書籍やマスコミ関係の仕事をしたいなと思いつつ、結局普通の会社に入ってしまいました。振り返ってみれば、今はそのことは自分の人生の価値にはあまり関係がなかったと考えていますが、当時は大変気になったものです。

働く理由のもう一つは、例えば食品会社で、営業の仕事をするとして、健康によく美味しい食品をリーズナブルな価格で世の中に提供しようとするでしょう。その結果、売上がたち多くの人に喜ばれます。つまり、仕事を通じてあなたやあなたの会社が存在意義を認められ生き甲斐を感じることができます。その見返りが利益なのです。

これは承認の欲求および自己実現欲求といえます。

アメリカのアブラハム・マズローが「人間は自己実現に向かって絶えず成長する生き物である」と仮定し、人間の欲求を五段階の階層で理論化しました（「マズローの欲求五段階説」と称されています）。

ちょっと細かくなりますが、マズローの仮説を説明しますと、第一段階は生理的欲求、第二段階は安全の欲求。ここまでは働く目的の第一「給料をもらうため」に通じます。

第三段階が所属と愛の欲求（他者に受け入れられているとかどこかに所属している感覚）、第四段階が承認の欲求（自分が集団から価値ある存在と認められたいという欲求）、そして最後の第五段階が自己実現の欲求（自分の持つ能力を最大限発揮し具体化したいと思う欲求）。

つまり、人間は生活のためにお金を稼ぐというプリミティブな動機から離れ、自己承認や自己実現のために仕事をするようになるのです。

しかし人は生活のための段階を通りすぎ、自分の仕事が認められ、生き甲斐を感じられればそれでいいのでしょうか。

私はその上にもう一つ高い段階があると思います。

それは、「自分を磨くために働く」つまり「自分を成長させるために仕事をする」ということです。

営業の仕事というのは「事業を営むこと」と言いました。事業を営み売上利益を上げ社会に貢献することです。

営業の仕事というのは「お客さまを幸せにすること」とも言いました。最大限、お客さまに貢献することです。

つまり営業の仕事というのは世のため人のためにすることです。

世の中のために尽くす、人のために最大の支援をする、己よりも他人の幸せを考えるといったことが基本になくてはなりません。そのことを通じて優れた営業マンができていくのです。

自分を磨かなければ理想的な営業マンの境地には到達できません。

人には欲があり、他人を嫉妬し、嘘をつき、悪口を言います。それは人の本能かもしれませんが、躾《しつけ》や訓練によってそれらのことは修正できます。そこに磨きをかけるとだんだんと人間として高みに登っていき、人に慕われ尊敬されるようになります。

物欲や権力欲から離れ、嫉妬もせず、悪口を言わなくなります。

そんな人は神様みたいな人ですし、なかなかできないことかもしれません。

しかし優れた営業マンというのはおそらくそういうレベルに近づいた人なのではないでしょうか。

それによって、人も社会もそして自分も幸せに近づくのです。

4 それでもなお、人を愛しなさい

人によっては取引先で苦手な担当者がいるでしょう。人間ですから好き嫌いがあり、どんな人にもウマの合わない人がいます。ですがもしそれを克服し、一人でも多くの人を好きになったとき、あなたの前には違った世界が現れます。

『それでもなお、人を愛しなさい――人生の意味を見つけるための逆説の10カ条』（早川書房）というケント・M・キースが書いた本があります。以前読んだことのあるこの本を私は最近読み返し改めて心を打たれました。まずは、読んでみてください。

1　人は不合理で、わからず屋で、わがままな存在だ。それでもなお、人を愛しなさい。

2　何か良いことをすれば、隠された利己的な動機があるはずだと人に責められるだろう。それでもなお、良いことをしなさい。

3　成功すれば、うその友だちと本物の敵を得ることになる。それでもなお、成功しなさい。

4　今日の善行は明日になれば忘れられてしまうだろう。それでもなお、良いことをしなさい。

5　正直で率直なあり方はあなたを無防備にするだろう。それでもなお、正直で率直なあなたでいなさい。

6　最大の考えをもった最も大きな男女は、最小の心をもった最も小さな男女によって撃ち落されるかもしれない。それでもなお、大きな考えをもちなさい。

7　人は弱者をひいきにはするが、勝者の後にしかついていかない。それでもなお、弱者のために戦いなさい。

8　何年もかけて築いたものが一夜にして崩れ去るかもしれない。それでもなお、築きあげなさい。

9　人が本当に助けを必要としていても、実際に助けの手を差し伸べると攻撃されるかもしれない。それでもなお、人を助けなさい。

10　世界のために最善を尽くしても、その見返りにひどい仕打ちを受けるかもしれない。それでもなお、世界のために最善を尽くしなさい。

たしかに、現実社会において、「人は不合理で、わからず屋で、わがままな存在」です。「何か良いことをすれば、隠された利己的な動機があるはずだと人に責められる」「弱者をひいきにはするが、勝者の後にしかついていかない」。これも、現実です。

しかし、ケント・M・キースという人は、「それでもなお」と、さらにもう一歩、踏み出していくのです。

私は、これこそ「自分を磨く」ための言葉だと思います。

何も難しく考えることはありません。

朝、出社してあなたが元気に「おはようございます！」と挨拶をしても、ブスッとして挨拶を返さない人がいるでしょう？　おもしろくないですね。それでもなお、次の朝になれば、元気に挨拶をするのです。

あるいは、懸命に取り組んだ仕事が失敗したとします。取引先の人は、あなたの努力をわかろうともせず叱責するかもしれません。傷つきますね。それでもなお、次の仕事に懸命に取り組むのです。

このように、日常の仕事の中で「それでもなお」を積み重ねることで、私たちは人間として成長していくことができます。

人は何のために働くのでしょう。私はマズローの欲求五段階説を読んで以来「人は自己実現のために働く」と考えてきました。

しかし、前でも少し述べましたが私はこの『それでもなお、人を愛しなさい——人生の意味を見つけるための逆説の10カ条』を読んでからは、人は自己実現のために働くのではなく「人は自分を磨くために働く」と思いはじめました。

そのためには難しい仕事に挑戦しなくてはならないし、苦手な人でも愛せるようにならないといけないと考えました。すべての人を愛することはなかなかできません。

しかし、自分の周囲の人ほとんどすべてを愛した人が人類の歴史には存在します。

ガンジーやマザー・テレサのような人です。すべての人を愛することができた人はすべての人に愛され尊敬されることで、おそらく真の幸せをつかんだ人でしょう。

ですから、営業マンであるあなたもどんな人でも好きになるように努力すべきです。そうしたら相手の方もいずれはあなたを好きになってくれます。

さて、それではどうするか。

基本的には相手の短所はなるべく見ずに長所を見ることとです。

そして前のところで語ったように「顧客対応力」をつけるのです。

それは、「相手の注文を聴く」「相手の強みを知ってそれを生かす」そして、「相手とのコミュニケーションの仕方はその人に最もふさわしい方法を選択すること」などです。

その中でとくに大事なことは「相手の注文を聴く」ことです。その人があなたに何を期待しているのか、何に不満を持っているか、何をしてほしいと考えているのか、「よく聴く」ことです。そして一度はそれをきちんと受け止めそれにそったことをするのです。もちろんあなたにも言い分はあるでしょうが、まず相手の話を受け止め、自らの行動を正してみることです。

そしてそのあとで相手に確認したほうがよいでしょう。「先日おっしゃったことを私なりに考えてこうしてみましたがいかがでしょう」などと話してみてください。あなたが苦手だと思っている人でも、あなたがこのような行動を取ったらあなたを認めてくれます。きちんと行動したら評価してくれます。そのようなことを続けていたら相手はさらに追加のアドバイスもしてくれるし次第にあなたを評価してくれるでしょう。

苦手な相手との関係が逆にだんだんよい関係に転じていきますよ。

5 自分を偽らず、素のままに対応せよ

人はいつも背伸びをしたくなるものです。自分の実力よりも高い目標に挑むわけですからそのこと自体はいい面もあります。ただし、実際の自分より大きく見せようと

したり、格好つけようとするのはやめたほうがいいでしょう。

私はこれまで、さまざまな人と出会ってきました。

口数は少ないけれども我慢強く仕事に取り組む人もいれば、強気の発言が多いけれどいざとなれば逃げ出す人もいました。いつも丁寧な話し方をするけれど本当は冷たい人もいれば、相当激しく怒ることはあるけれど面倒見のいい人もいました。偉くなってさらに腰の低くなる人もいれば、偉くなって格好をつけ出す人もいます。

人それぞれの表現の仕方があり、まさに百人百様です。ただ、一ついえるのは、本当の自分を隠そうとしても、それはうまくいかないということです。

ビジネスマン人生とは長いものです。そして、周りの人は、じっとその人のことを見ています。しばらくつき合えば、本当はどういう人なのかはよくわかります。

どんなに自分を偽ろうとしても、自分をよりよく見せようと飾ってみても周りの人はお見通しです。

だったら、わざわざ演技する必要などないでしょう。

あなたが感じたとおり、そのまま素直に表現したらいいと思います。あなたが仕事でミスしてお客に怒られて、口惜しかったら泣いたっていい。仕事がうまくいってほめられたら、飛び上がって喜んでもいい。辛いときに元気そうに演ずるのは健気ではありますが、あくまで演技でしかありません。あなたが本当はどう感じているのか、周りの人は大体わかっているのですから。

気が弱くても、気が短くても、根気がなくても、それを素直に表現すれば、ほとんどの人は受け入れてくれますよ。そして、励ましてくれたり、アドバイスしてくれたりするはずです。それに、素直に従うことによって、あなたは成長することができるのです。

それに、自分を素直に表現することができれば、実に「生き易い」です。無理にポーズを作らず、自然体なのですから当然のことです。

何かあなたが問題を抱えたときも、できるだけそのことをオープンにしたほうがいいでしょう。多くの人が、手を差し伸べてくれるはずです。

我が家には自閉症の息子・俊介がいてその対応に苦労した時期があり、あるときから妻は長くうつ病を患いました。

実は、私は長い間、会社ではごく限られた人にしか、家庭の事情を話していませんでした。やはり、どこか恥ずかしいことのように思えましたし、仕事上で不利になることも心配だったからです。

しかし妻の自殺未遂をきっかけにすべてをオープンにせざるを得なくなりました。

そこで、会社に家族や病院から何らかの知らせがあれば、会議中であっても、外出中であっても、必ず私に連絡してくれるように同僚に頼みました。

しかし、その結果、何かデメリットがあったかというとほとんどありませんでした。むしろ、メリットのほうが多かったのです。

何かが起こると職場の仲間は、

「佐々木さん、早く帰ってあげてください」

「後は、私たちがやっておきますよ」

と温かい声をかけてくれました。それが、どれほど私の心を支えてくれたことか。

あなたも自分自身を飾らず素のままに対応してください。そうすれば周りの人との絆をさらに深めることができるはずです。

6 左遷を左遷にしてしまうのは自分

長く会社員をやっていれば意にそわぬ人事にあうこともあります。中には明らかに左遷と思われるケースもあるでしょう。その理由も仕事で成果を出せなかった場合もあれば、上司との折り合いが悪かった場合もあります。自分ではまったく心当たりのないケースもあるかもしれません。

今の仕事がおもしろければおもしろいほど、自分で成果を出していると思えば思うほど、人事異動に不満を持ったりするものです。私の知人にも仕事で十分な成果を出しながら理不尽と思える人事にあった人はたくさんいます。上司との衝突が原因の報復人事により子会社にとばされ、一年間その悔しさで寝られなかったという人もいます。

私の場合もたしかに同期の事務系ではトップで東レの取締役になりましたが、一期二年で子会社の東レ経営研究所へ異動になりました。

周囲の人たちはなぜこんなに早く異動になったのか不思議がったり、私自身もやや意外な気持ちでした。しかし、その異動があったおかげで自分や会社を見つめ直すよい機会になったのです。

時間的余裕ができたおかげで妻のケアも十分できるようになり、彼女のうつ病も回復しました。

そして出版社の依頼で『ビッグツリー――私は仕事も家族も決してあきらめない』（WAVE出版）という本を書き、少し評判になりテレビに出たりしました。その後、

『部下を定時に帰す「仕事術」』と『そうか、君は課長になったのか。』（いずれもWAVE出版）と相次いで出した本がいずれも一〇万部を超え、最近出した『働く君に贈る25の言葉』（WAVE出版）は三カ月で三〇万部も出ました。

この結果、取材、執筆、講演などをすることになり、さまざまな方や団体を知りました。

結果的に私の子会社への異動は、私の人生にそうでなかった場合の何倍もの価値あるものを私に与えてくれました。

ですから、そうした左遷人事を本当の左遷にするかどうかは、つまるところ自分次第なのです。順風満帆なコースを歩んでいるときには出会えない傍流の人たちと出会うこともあります。そこで今までにない見方を発見したり、新しい人脈を築いたりできれば、その左遷は意味があったといえないでしょうか。

新しい職場で成果を上げ再び本流に返り咲ければ、そのときの経験や人脈が強い武器になることもあります。「左遷」というのはしょせん価値観の問題です。「新天地」であり「新しい体験ができる場」と考えれば、それはたんなる人事異動であり左遷にはなりません。

西洋の諺に「悪いことは、いいことのためにのみ起こる」というものがあるそうです。「今悪いと思えることも、あとからいいことが起こる前触れである」という意味で、そう考えれば自分にとって悪いことなど一つもありません。

左遷されれば左遷した人を恨みたくなります。仕事でそれなりの成果を出していたならなおさらでしょう。左遷された原因は上司に嫌われたり煙たがられたりといった、たんなる私情かもしれません。だからといって上司を恨んだところで何の益もありません。

上司だって人間です。公平に接しようと思っても、かわいい部下もいれば煙たく感じる部下も出てきます。自分でも気づかないまま気に入った部下にはよい評価を与え、気に入らない部下には悪い評価を下す人もいるでしょう。理不尽と思うかもしれませんが、組織に属する限りこれは仕方のないことです。

新たな配属先で前の上司を恨んだり自らの不運を嘆くばかりで、その後実績を上げることができなければ道は開けません。そうなればその左遷はまさに左遷だったといえます。

結局のところ人間は自分がこうなりたいと考える以上の人生を送れません。「社長になりたい」と本気で考え、そのための努力を惜しまず行動しなければ社長にはなれません。

もし若い人で将来出世したいなら、まずは目標設定することです。自分は課長になりたいのか、部長まで行きたいのか、社長まで上りつめたいのか。そのうえで、ではどうすればいいか考え実行する。そうすれば思い描いたことに近い人生が送れます。

どんな人間にも必ず運のいい時期もあれば、運の悪い時期もあります。人生を長く生きていれば、必ずチャンスの時期は巡ってきます。

その一方、社長になったからといって、最も幸福であるとも限りません。たとえ社長になれなくても自分を磨き上げた人のほうが充実した会社人生を送れたと満足する場合もあります。

人は自分の器どおりの人生しか歩めないと考えれば、左遷されても社長の器の人はそれをバネにいずれ社長になります。左遷されたことを恨みそこで腐って終わるようなら、それはそれでその人の器なのです。

左遷をチャンスと思って、そこで真剣に今の仕事と向き合うなら、必ず再び評価される日はやってきます。

7 上見て生きろ、下見て暮らせ

例えば百年前に書かれたＳＦ小説を今読むと大抵のことは現実化しています。百年前には荒唐無稽と思われたテレビ、宇宙飛行、ロボットなどは我々にとって皆身近な存在になってきました。

では当時のSF作家が神の如き慧眼で未来を見通していたかというと、決してそうではないでしょう。当時の人たちが「こんなものがあればいいよね」と思った夢や憧れを小説として書いただけです。

SF小説が当時の人たちの憧れを文章にしたものだとすれば、一方で「よし、俺が作ってやる」と思い、実現化を目指す人たちもいました。彼らはそれを実現できなかったかもしれませんが、その子供たちの世代がそれを受け継いでさらに研究開発を行いました。それでもできないものは、孫の代でも続けました。そうして三世代百年も経つと、ほとんどのものが実現化していったのです。

当時の技術では実現不可能と思えたものでも、その後の科学の進歩により実現可能になります。我々が想像できる範囲のことであれば自分の生きているうちは無理でも、たいてい実現できるのです。

そう考えれば今は無理と思えることでも、やはり、

「こんなものがあると便利だ」

「こんなものがあってほしい」

と思えるものは実現化を目指し追い求めるべきです。その努力がなければ夢はいつまでも夢のままで終わってしまいます。ならば行動したほうがいいと思うのです。宝くじも買わなければ当たりません。

とはいえ、ただ夢を追い求めるだけでは現実生活がおぼつかなくなります。夢や霞を食べて生きていけないのも人間です。そう考えると人間の生き方として望ましいのは「上見て生きろ、下見て暮らせ」という発想ではないでしょうか。

「上見て生きろ」とは、

「いずれこうなりたい」

「いずれこんなことをしたい」

という高い目標を掲げ、その実現のために努力して生きるという意味です。ただし

実際の生活は、足元をよく見て自分のいただく給料の範囲内で慎ましく暮らす。これが「下見て暮らせ」です。

慎ましく生きる中にも幸せはたくさんあります。青い鳥ではありませんが幸福は自分の近くにあるものです。それに気づくか気づかないかで幸福な人生が送れるかどうかも決まってきます。

現代日本に生きる我々は、それだけでも大変な幸運に恵まれています。一九四四年生まれの私はその前の世代と違い、戦争に行かずにすみました。戦争で人を殺さずにすみましたし、人から殺されずにすみました。

世界を見渡すと戦争や紛争をしている国や地域はたくさんあります。また世界史を見ても、戦争のない期間はほんのわずかです。ほんのちょっとした差で平和な時代を生きられたのです。

経済的にも右肩上がりの経済成長の中で暮らしはどんどん豊かになっていきました。ここへ来て少し停滞していますが、飢餓の心配はありません。基本的には歴史的にもまれに見る幸福な時代を生きています。

そうしたことについて「ありがたい」と感謝の念を持てれば必然的に現状に満足し、今あるもので暮らしていこうと考えられます。人と比べて少々給料が少なかったり不遇であっても気にならないはずです。

そもそも幸福か不幸かは考え方次第ともいえます。「順境、逆境ともによし」という言葉があります。言い方を変えれば「ピンチはチャンス」ということでもあり、受け止め方次第で物事の見方は真逆になるのです。

自分が今幸福であると感じるのは、それまでに不幸を体験したことがあるからです。銀のスプーンをくわえて生まれてきたような人は、我々が感じるような幸福感は生涯得られないように思います。そして生まれたときから恵まれた暮らししか知らないから、少し不幸な目にあっただけでどん底の不幸を味わったように感じるのです。

その意味では不幸を知っている人のほうが、知らない人より幸福です。

不幸を知らない人生だからこそ人生を簡単にあきらめられる。そこには恵まれた人生に対する感謝の念もありません。感謝の念を持たない人生は私に言わせれば不幸な人生です。

恵まれないからこそ、ちょっとしたことに感謝の念が持てる。不幸を知っているからこそわずかな幸福や希望に感謝の念が持てる。それが何であれ「ありがたい」という気持ちを持てれば不思議に気持ちは落ちつくものです。

人間いろいろな欲望がありますが、求めだしたらきりがありません。今の境遇を幸福と思い感謝の念を持てば、それだけで幸福感は得られます。人を見て羨ましがったり、果たせなかった望みにいつまでも未練を持つのではなく、今歩んでいる道を大事に思うのです。

幸福とは「等身大」という考え方もあります。洋服も、どんなに高級ブランドのものをまとおうと身体に合わなければ窮屈なだけです。たとえ有名デザイナーのものでなくても、身体にフィットした服は着ているだけで気分がよくなります。

幸福も同じで身の丈から外れた人生で本当のフィット感は得られません。かといって小さくまとまりすぎれば、それはそれで窮屈に感じます。大事なのはやはり等身大です。今の生活が自分の等身大と思えば、十分幸福感は得られます。

人と比べる必要はありません。城の石垣も大きい石だけでは成り立ちません。小さい石があってはじめて堅固なものになるのです。小さいからといって卑下しなくていい。小さい石には小さい石の役割があり求められる場所がある。そこに気づくことが肝要なのです。

おわりに

本書は「営業とは何をする仕事か」という、やや大げさなテーマからスタートしましたが、これは私が長年考え続けたテーマでした。

私たちは何のために仕事をしているか、何のために営業をしているかをとことん考えていけば「お客様の幸せのために営業している」、ひいては「世のため人のために生きる」という答えに、営業マンも含め多くの働く人がたどり着くのではないかと思います。

そういう「お客様のために」という気持ちを込めて働くことが人の心に響き、人の幸せにつながり、その結果として己の幸せに跳ね返ってくるのではないでしょうか。

お客様の幸せのためにはお客様の真のニーズを把握しなければはじまりません。ですから営業の仕事というのはものを売ることではなく、市場や顧客を「知ること」だと思うのです。

どうしたら知ることができるのか。その手法を学び、分析や予測をベースに社内営業に磨きをかけることも営業の大切な仕事です。

「人柄だけでは駄目、対外交渉力を磨くこと」とも言いましたが、それでもやはり営業にとって最も大事なことは「人間力を高めること」です。

その人間力を高める項では、

「どこまでも真摯であれ」

「人は自分を磨くために働く」

「それでもなお、人を愛しなさい」

という宗教家のようなことを書きました。

このことは私が何十年という会社生活、さまざまな経験を経て会社を去る今、次の世代を生きる人たちに、これだけは、どうしても伝えておきたいという気持ちから出た言葉です。

「お客様の幸せのために営業する」ことを考えたときに「人柄だけでは戦えない」と言いながら、その一方で「スキルばかりではお客様を本当に幸せにはできない」というのも厳然とした事実だと考えます。

本書に書いたことに少しでも共感して、明日からの営業にまたチャレンジしていただけたらうれしいです。

佐々木常夫

佐々木常夫（ささき・つねお）
1944年、秋田市生まれ。1969年、東京大学経済学部卒業、同年東レ入社。自閉症の長男に続き、年子の次男、長女が誕生し、結婚して3年で3児の父になる。妻は、肝臓病がもとで入退院を繰り返すうち、うつ病を併発し、何度か自殺未遂をする。43回もの入院をした妻も、現在は快癒。すべての育児・家事・看病をこなさなくてはならない過酷な日々の中でも、仕事への情熱は衰えず、大阪・東京と6度の転勤、破綻会社の再建やさまざまな事業改革に全力で取り組み、2001年、東レ同期トップで取締役となり、2003年より東レ経営研究所社長。2010年に同研究所特別顧問となる。経団連理事、政府の審議会委員、大阪大学客員教授などの公職も歴任。著書に『新版　ビッグツリー』『部下を定時に帰す「仕事術」』『そうか、君は課長になったのか。』『働く君に贈る25の言葉』（以上、WAVE出版）がある。

PHP
Business Shinsho

装丁写真　永井　浩

PHPビジネス新書 172

「本物の営業マン」の話をしよう

2011年5月10日　第1版第1刷発行

著者　佐々木常夫
発行者　安藤卓
発行所　株式会社PHP研究所
東京本部　〒102-8331　千代田区一番町21
ビジネス出版部　☎03-3239-6257（編集）
普及一部　☎03-3239-6233（販売）
京都本部　〒601-8411　京都市南区西九条北ノ内町11
PHP INTERFACE　http://www.php.co.jp/
装幀　齋藤稔
組版　朝日メディアインターナショナル株式会社
印刷所
製本所　共同印刷株式会社

© Tsuneo Sasaki 2011 Printed in Japan
落丁・乱丁本の場合は弊社制作管理部（☎03-3239-6226）へご連絡下さい。
送料弊社負担にてお取り替えいたします。
ISBN978-4-569-79621-5

「ＰＨＰビジネス新書」発刊にあたって

わからないことがあったら「インターネット」で何でも一発で調べられる時代。本という形でビジネスの知識を提供することに何の意味があるのか……その一つの答えとして「**血の通った実務書**」というコンセプトを提案させていただくのが本シリーズです。

経営知識やスキルといった、誰が語っても同じに思えるものでも、ビジネス界の第一線で活躍する人の語る言葉には、独特の迫力があります。そんな、「**現場を知る人が本音で語る**」知識を、ビジネスのあらゆる分野においてご提供していきたいと思っております。

本シリーズのシンボルマークは、理屈よりも実用性を重んじた古代ローマ人のイメージです。彼らが残した知識のように、本書の内容が永きにわたって皆様のビジネスのお役に立ち続けることを願っております。

二〇〇六年四月

ＰＨＰ研究所